心理學叢書

情緒與壓力管理

——幸福「馬卡龍」

Emotions and Stress Management: Macaron of Happiness

王淑俐◎著

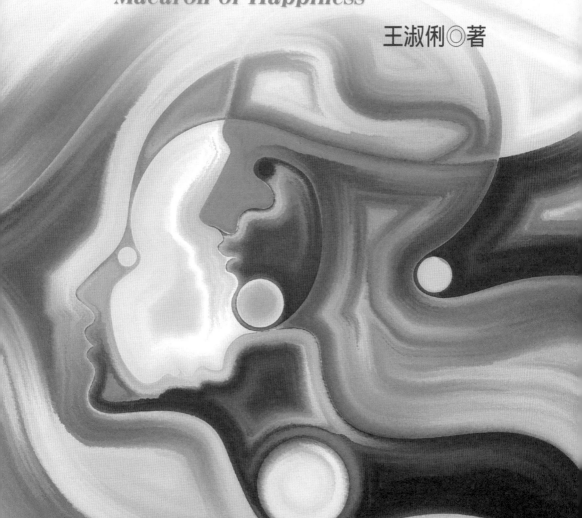

序

　　對於生氣、煩惱、恐懼、自卑、嫉妒、傷心等負面情緒，儘管別人已經明顯看出，我們卻總想否認或隱藏，生怕洩漏內在秘密、破壞自我形象，讓人覺得我們胸襟不夠開闊、技不如人、是個失敗者。

　　反之，對於豁達、樂觀、自信、開朗、輕鬆等正面情緒，儘管自認為表現得很明確，別人卻常不以為然，總覺得我們故作堅強、偽裝樂觀，並未表達真實的情緒。

　　為什麼自己的想像與別人的觀察如此不一致？難道我們的情緒是假裝的？或說我們在「假裝」自己很快樂、熱忱、充滿正能量？這樣做不對嗎？最近爆紅的戲劇《通靈少女》主題曲〈不曾回來過〉，「**再恨的、再傷的終究會遺忘，……就讓自己慢慢成長、慢慢放下。**」痛苦終究要遺忘，但不是以人為、強迫的方式，而是要耐心等候，關鍵在「慢慢」。只是有時慢得連自己都不知道要多久，因身邊的家人或好友太關心或急切，使他們選擇了偽裝與自我封閉，「假裝」已經成長，其實獨自陷溺於負面情緒中難以自拔，甚至走向自我毀滅。

　　我們不是「只有」或「只能」表達正面情緒，當然也會受傷、脆弱、消極，很難掙脫這些壞心情。如〈不曾回來過〉後段所唱：「**我難過、我懦弱，學不會灑脫。越想念、越失落，悲傷裡走過。**」所以，我們要學習的是承認負面情緒的存在，它也屬於自我的一部分，是自己想法、判斷的產物。這些痛苦很真實，若能夠在「很久很久以後，終於找到心的出口」，是非常幸福與值得等待的

事，千萬不要操之過急或提前放棄。

　　許多老師或家長都說，現代學生或孩子的情緒障礙或問題變多了，自傷或傷人的事件也增多。換一個角度來看，問題浮上檯面更利於解決，所以**老師及父母可將自己變成情緒管理的教練**，積極協助學生和孩子在情緒問題不大時，及早且正確的解決。

　　若你能自己在書中找到答案，或勇敢的求助——良師益友或輔導專業，將情緒困擾有效的化解、養成良好情緒表達習慣，絕對是最幸福的人。

王淑俐　謹識

民國106年6月6日

目　錄

Chapter 01 情緒與壓力的新面向

- 與情緒共舞
- 與壓力共生

對的事──正確的起步

情緒是天使抑或魔鬼？
壓力是動力抑或阻力？

其實，情緒與壓力沒有一定的面貌，
好與壞可由自己決定，但做個「好決定」並不容易。

情緒與壓力的掌控，不是「空想」就能「實現」。
從「心隨境轉」到「境隨心轉」，而且要「知行合一」，
是一段不短的心路歷程。

不論是安撫自己的情緒或幫助他人抒壓，
都需要學習正確的步驟。
現在，就開始踏上學習的旅程吧！

第一節　與情緒共舞

心情是好或壞，對自己或周遭有多少影響？
以「心情好」來說：

高興時，步履輕盈、滿面春風、頭腦特別靈光。
有自信時，積極進取、勇敢堅強、覺得人生充滿希望。
心滿意足時，輕鬆自在、食慾好、特別容易喜悅。

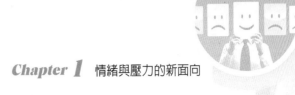

愛與被愛時，花兒會笑、鳥兒會打招呼，全世界為你歡呼。

好心情使自己充滿能量，願意幫助別人，更容易與人相處。
以「心情壞」來說：

緊張時，頻尿、拉肚子、腦袋一片空白。
生氣時，心跳加速、表情僵硬、想罵人或打人。
憂鬱時，悲觀、懶得動、覺得人生一片灰暗。
怨恨時，胸口悶悶的、食慾不振、看什麼都不順眼。

壞心情使人想哭，別人也不願意接近你，以免遭受無妄之災。

實境與解析

我對情緒的真實「初體驗」，是在碩士班的一門課——「輔導專題研究」。耕莘文教院的外籍神父李安德老師講解「理性情緒治療法」時，要我們閉上眼睛，聽著他的問題，在內心想答案：

從早上到現在，你曾出現哪些情緒？
是快樂的多，還是不快樂的多？

我發現，自己從早上到下午兩點多，出現的都是負面情緒。因為晚起、擔心上課遲到，所以心情煩躁。等公車時焦慮指數持續上升，車上擠得「動彈不得」，加上肚子咕嚕聲——沒吃早餐，身心都倍感煎熬。終於趕到學校時，還是遲到了，覺得一切努力全都白費，很懊惱。

唉！貪睡幾分鐘，竟然要付出這麼大的代價！而我卻「日復一日」如此，任憑負面情緒宰割。

大家口頭分享後，才知道別人的狀況不比我好多少。李神父繼續問：

你向來都那麼不快樂嗎？
你一定要那麼不快樂嗎？

冷靜想想後不得不承認：「我不快樂已經很久了」，若再不改善，將無法避免悲觀的人生。我需要調整生活作息，提早上床、早點起床、吃早餐、提早出門。

不只「遲到」這件事要改，我常覺得諸事不順，壞事很容易發生。為何落入如此惡性循環呢？李神父接著說的話，宛如「當頭棒喝」：

情緒是你的「債權人」？還是「債務人」？
你知道自己的精力大都耗費在情緒上了嗎？

此時我已確定：情緒是我的「債權人」，我欠情緒一大筆債，償還速度遠不及累積的速度。我的精力大都耗費在情緒上了，怪不得天天好累！我不禁自問：

我要繼續過這種沒有活力、挨罵與愧疚的日子嗎？
我要每天都從負面情緒開始，一整天都受負面情緒影響嗎？

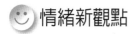 **情緒新觀點**

　　形容別人「情緒化」或「情感用事」，大多是負面評價；因為情緒宣洩容易造成不好的結果，應該節制。**1995年，《EQ》（*Emotional Intelligence*）一書出版，大家開始對情緒改觀。**作者丹尼爾‧高曼（Daniel Goleman）是《紐約時報》記者、哈佛大學的心理學博士，他以流暢的文筆與充分的證據，將沙洛維（P. Salovey）和梅耶（J. Mayer）兩位教授提出的新概念——EQ發揚光大。

　　沙洛維及梅耶在1990年共同發表論文，將昔日「高IQ即能成功」的信念徹底顛覆。**沙洛維及梅耶認為，情緒比認知更是成敗的關鍵**。他們結合哈佛大學教育研究所教授加德納（Howard Gardner）提出的「個人智能」概念，將EQ界定如下（摘自張美惠譯，1996：58，張美惠譯，2006：68）：

1. 認識自身的情緒：能掌握感覺才能成為生活主宰，否則即成感覺的奴隸。
2. 妥善管理情緒：懂得自我安慰，能有效擺脫焦慮、灰暗或不安，就能很快走出生命低潮。
3. 自我激勵：能克制衝動與延遲滿足，持續保持高度熱忱是一切成就的動力。
4. 認知他人的情緒：具有同理心的人，能從細微的訊息覺察他人的需求。
5. 人際關係的管理：人際關係就是管理他人情緒的藝術，如：人緣、領導能力、人際和諧的程度。

　　定義的前三項，是指好好處理自己的情緒，能自我安撫與激

勵，能走出低潮、持續熱忱。後兩項，則是能覺察與管理他人的情緒，同理別人的心情，與人建立良好的關係。

以「處理自己的情緒」來說，要清楚自己的情緒狀態、走出情緒低谷、持續高度熱忱，不如想像中的簡單。社會規範如「男兒有淚不輕彈」、「識大體」、「以和爲貴」，使得某些情緒必須壓抑、不能自由表達，如：悲傷、憤怒、委屈、不滿；這些情緒因而更加「剪不斷，理還亂」，使人陷入無助與倦怠當中。

以「覺察與管理他人的情緒」來說，要體會別人的情緒狀態，給予精神支持及實質引導，也「沒那麼簡單」。若不能從別人的情緒感受入手，只是冷冰冰的「就事論事」、「實話實說」；等於在傷口上撒鹽，造成更大的傷害，破壞彼此的關係。

「個人智能」與EQ的關聯爲何？傳統上認爲，**人類智能的發展以邏輯數學和語文能力較爲重要；這樣的觀點過於狹隘，不能完全反映個人的真實能力**。1983年，加德納在《心智的架構》（*Frames of Mind*）一書中提出「多元智能」（Multiple Intelligences）的新概念，主張人類有七種智能，如：語文、邏輯數學、空間、肢體動覺、音樂、人際、內省等（之後又補充了第八種——自然觀察、第九種——存在智能）。這些智能可歸爲三類：

1. 對象有關（object-related）：指邏輯—數學、空間、肢體—運作等智能，受個體所處環境的對象控制與塑造。
2. 免於對象（object-free）：指語文與音樂這兩種智能，不受物理世界的塑造，而依據語言與音樂系統決定。
3. 與人有關（person-related）：指人際（interpersonal）與內省（intrapersonal）這兩種智能，合稱「個人智能」。

「個人智能」的「內省智能」是指：能意識自己內在的情緒、意向、動機、脾氣和欲求，具體表現如下：

- 能覺察並控制自己的情緒。
- 遭遇挫敗時不會生氣。
- 難過失望時能自我激勵。
- 孤獨時能自得其樂。
- 能以創意突破困境。

「個人智能」的「人際智能」是指：能辨識與瞭解他人的感覺、信念與意向，具體表現如下：

- 與人相處能使對方自在。
- 擅長扮演和事佬。
- 別人有煩惱時會徵詢你的意見。
- 對於解決衝突有獨特創新的方法。
- 能對弱者伸出援手。

「內省智能」與「人際智能」是為了管理自己與他人的情緒，是現代社會愈來愈需要的能力。慶幸的是，個人智能除了先天有高有低，還可依靠後天的學習以提升到更高的程度。

☺ 情緒新任務

大多數的人對情緒不夠瞭解，所以歡迎或承認正面情緒，逃避、否認負面情緒。因為負面情緒令人吃不下、睡不著、心神不寧、無精打采，又揮之不去，只好假裝它不存在；或乾脆以「宿命論」──認命，來解釋自己的困境，如蔡秋鳳演唱的〈金包銀〉（作詞作曲：蔡振南）：

別人的性命是框金又包銀，阮的性命不值錢。

別人呀若開嘴是金言玉語，阮若是加講話，唸咪就出代誌。
怪阮的落土時，遇到歹八字。人是好命子，阮治在做兄弟。
窗外的野鳥替阮啼，人在江湖身不由己。

　　從EQ或個人智能的新概念可知，無論正面或負面情緒，**愈能好好管理則人生愈可能成功**。若不想無奈、無助的過日子，日常生活可多鍛鍊下列事項：

- 覺察自己的情緒感受（含身心變化）。
- 遇到困境或挫敗能設法擺脫負面情緒。
- 自我激勵，培養更多正面情緒。
- 克制情緒衝動，不變成愛發脾氣的人。
- 為了達成設定的目標，能先苦後樂、延遲滿足。
- 經常自問：「是否真正瞭解別人的情緒感受？」
- 多花時間、心力經營人際關係。
- 在班級、社團或工作的地方能發揮領導力。

第二節　與壓力共生

　　壓力是一種情緒狀態，乍看多半為負面情緒，但其實具有正面功能。也就是說，壓力造成的不愉快、痛苦，是提醒你有威脅出現，要有所警覺並儘快想出辦法、採取行動，使自己重回平靜、愉快的生活。壓力的消除或管理，有些類似行為學派的「負增強」（negative reinforcement or avoidance）。

　　學術研究對於「壓力」多採「stress」一詞，近似詞則為「pressure」。「stress」源於拉丁文「stringere」，意思是「拉緊」或「緊拉」（黃惠惠，2002：196）。「stress」依《張氏心理學辭

典》（張春興，1989：630）的解釋：

> 個體生理或心理上感受到威脅時的一種緊張狀態，此種緊張狀
> 態，使人在情緒上產生不愉快甚至痛苦的感受。壓力有時具有
> 示警的功能，可使人面對壓力的來源，進而消除壓力的來源，
> 解決威脅。

近似詞「pressure」的意思是（張春興，1989：503）：

> 在強制性的情境下從事某種活動時（被動的或是自願的），個
> 體身心所產生的一種複雜而又緊張的感受，或稱精神壓力。

《大英百科全書》（*Encyclopedia Britannica*）將壓力（stress）
解釋爲：

> 心理學和生理學名詞，指任何可以擾亂身體功能的緊張因素和
> 干擾因素。物理壓力如冷、熱、噪音等，會引起身體的各種生
> 理反應；心理壓力如挫折、剝奪、衝突等，會導致心理的防衛
> 反應，多數情況會同時引發身心兩種的反應。一個人能否成功
> 地控制壓力情境，對其心理和生理狀態，都有深刻的影響。

由上述定義可知，壓力會伴隨不愉快的情緒以及所帶來的身體
反應，讓人不舒服的感覺更明顯。若不快點消除，身體的不適可能
讓人無法忍受。

《大美百科全書》（*Encyclopedia Americana*）將壓力（stress）
解釋爲：

> 壓力是在心理、需求、威脅或其他事件中，需要應付的形勢改
> 變。是生活中不可避免的一部分，較輕微的壓力如交通堵塞，
> 嚴重的如配偶死亡，或在戰爭中對死亡的恐懼。

壓力反應有很大的個別差異,取決於文化和家庭背景、個人經歷,以及當時的情緒。

大多數人能應付日常生活的壓力,但當問題惡化的速度超過他們的解決能力時,也就是說,一個人的適應能力超過負荷時,就會導致慢性疾病、焦慮或抑鬱等。

☺ 壓力不可避免

壓力只要不「過量」,對個人的成長有幫助;但超過個人能承受的「限度」,反而使人停止進步甚至退步。**若壓力一直未減,終將使人崩潰或完全放棄。當然,壓力太少也會使人茫然、失落、空虛,失去工作熱情,能力跟著退化**,被歸為「不思長進」的失敗者。所以,判斷壓力的「質」與「量」能否幫助個人成長,就非常重要。不一定是減壓,有時也需提高承受壓力的程度,也就是提高「抗壓性」或「挫折忍受程度」。

壓力有大有小、有輕有重,並非個人能完全選擇或拒絕,例如他人的要求、環境的改變(包括天災人禍)。即使是好事,如畢業、升遷、戀愛、結婚、懷孕、生子、搬新家、獲獎等,也會產生壓力。

壓力反應與壓力大小無關,而與個人背景及情緒狀態密切相關。所以,面對同樣的事件,有人大驚小怪,有人卻處之泰然。相同的是,若無法消除壓力,會造成多種疾病,生理方面如胃痛、消化不良、便秘、腹瀉、心肌梗塞、腦中風、容易感冒、血糖及血壓增高,甚至提升罹癌風險。心理方面則是形成各種情感性疾病,如憂鬱症、恐慌症、創傷症候群、恐懼症等。

☺ 壓力不一定是傷害

　　最早的「壓力反應」（stress-response）研究，是二十世紀初生理學家堪農（Walter Cannon）提出的「打或逃」（fight or flight）壓力反應理論。「壓力源」出現時，腦下腺、甲狀腺、副甲狀腺、腎上腺、下視丘會主導生理反應，如：心跳加速、呼吸急促、肌肉緊繃、情緒激動等，決定以「打或逃」（對抗或逃跑）來因應壓力。但現代文明的社會裡，人際間不適合直接表現「打或逃」的行為；於是內在被激發的生理反應，如：血壓上升、膽固醇增加、胃酸分泌、肌肉收縮等無法完全宣洩，而容易導致身心疾病。

胡鈞怡／繪

　　加拿大的生理心理學家謝利（Hans Selye, 1907-1982）在1980
年出版《壓力與焦慮手冊》一書中，統整近五十年來壓力研究的觀
點。他說（1981，二版：128），四十年前他從實驗發現，老鼠受
到各種嚴重的有毒物質和精神刺激（震耳欲聾的噪聲，極端的冷、
熱，無助），都產生相同的病理變化，如：胃潰瘍、淋巴組織萎
縮、腎上腺功能高張；類似於人類的心臟病、中風、腎臟病和風濕
性關節炎。也就是說，不同的「壓力源」（不論是愉快的或不愉快
的），都導致相同的疾病。

　　謝利將面對壓力的身體反應依序分為三階段，即：警覺反
應（alarm reaction）、抵抗階段（stage of resistance）、耗竭階段
（stage of exhaustion）。在抵抗階段時若能順利消除壓力，就不會
到達「耗竭」。但因每個人適應能力不同，如果壓力過大或拖得太
久，就不免發生身心耗竭。壓力發生時，腎上腺素的分泌是為了提
高身體警覺性，以便「戰鬥」或「逃跑」。但長期持續的壓力會導
致身心俱疲，使生病的狀況惡化甚而造成死亡。

　　謝利指出，壓力無法避免，但不一定都構成傷害。壓力可分優
壓（eustress）與劣壓（distress）兩種，前者愉快、有治療效果，後
者不愉快、會導致疾病。所以要儘可能多促成「優壓」（good stress
or eustress），並減少「劣壓」（bad stress or distress）。

　　壓力不全是壞事，工作挑戰或參與進修及考試，過程雖然吃
力，甚至會遭遇一再的挫敗，但成功後就很有成就感。然而外在要
求超過個人能力太多，或周遭的威脅太過強烈時，會使工作熱情下
降、效率降低，甚至失去自信。所以**平時要多以休閒嗜好、擔任志
工、運動等抒壓，維持「一緊一鬆」的生活節奏，才不會累積過多
的壓力。**

　　壓力是支撐及抗衡外來刺激的內在力量，是個人適應能力與彈
性的展現。有人視壓力為災禍，有人則當做良機。如果「意識到」

外在要求與個人資源達到平衡，甚至個人資源大於外在要求時，壓力就是一種挑戰。反之若覺得壓力愈來愈大，就代表個人資源不足，要加強所需能力、經濟條件、社會支持系統（親友實質及精神的支援）等。

有時壓力來自不良的思考習慣與生活態度，如：以消極態度看待自己及別人、易於自我懷疑與自我批判、習慣性的逃避、過度自信等。**具有堅韌（hardiness）性格、B型性格（type B personality）及內控型（internal locus of control）的人，抗壓力較強**。反之，性格不夠堅韌、A型性格（type A personality）及外控型（external locus of control）的人，抗壓力較弱。

性格堅韌者對於工作及生活更投入，較能自我控制，勇於接受挑戰。B型性格者較隨和、悠遊自在，得失心較低。內控型的人有適度的自尊自信，能為自己的命運負責與努力。具備這三種特質的人抗壓力較強，反之，性格軟弱的人害怕挑戰，A型性格者較急躁、求好心切、競爭性強，外控型的人認為個人命運主要受到外在因素影響，沒有辦法轉變。

情緒與壓力管理練習

在你成長的過程中，曾出現哪些重大的壓力？哪些成為「優壓」？哪些成為「劣壓」？原因何在？

如果可以重來，你會如何「抗壓」（因應）？

13

相關學習資源

一、電影

泰國電影《撞鬼那件小事》（導演：普提彭坡倫姆薩卡，2013年）。

推薦理由：這是部恐怖喜劇片，片中諧星型的女主角凱蒂（杜琪飾）一直希望在電視達人秀的比賽中獲勝。但她沒想到有一天會跟鬼做朋友，這位鬼朋友是人氣超模Bee（克麗絲霍旺飾）；剛開始她二十四小時纏著凱蒂，讓她幫忙一堆莫名其妙的事，使凱蒂甚為懊惱。但隨著事情逐漸明朗，凱蒂最初的驚嚇害怕已漸漸消失。藉由將彼此的煩惱與對方分享，拉近了陰陽兩界的距離；兩人能互相調侃，也更加互相扶持。

「同理心」使外在差異甚大的兩人，心的距離卻愈來愈近，愈能感受對方的喜怒哀樂。因此願意「真心」幫助對方完成夢想，「不捨」對方失去應有的幸福。

二、書籍

莊安祺譯（2015）。喬治・麥爾森（George Myerson）原著。《99個幸福時刻》。台北市：聯經。

推薦理由：許多人覺得幸福難尋，以為要考到很好的學校、找到很好的工作、出國旅遊、有令人羨慕的人生伴侶等，才算得到幸福。其實幸福隨時在身邊，只看我們能否珍惜與掌握。

這本書介紹了九十九位橫跨四千年的東西方名人，各自獨特但平凡的幸福時刻。這些時刻大都出現在日常生活，或是簡單計畫即可從事的活動中。如：好天氣、好風景、旅遊、休閒活動、家人相聚、與好友的默契、苦難中的頓悟、找到自己的天職等。所以，最重要的是認真生活與體驗，幸福的感受就會份外鮮明與強烈。

Chapter 02 情緒與壓力的特性和生理基礎

- 情緒與壓力的特性
- 情緒與壓力的生理基礎

對的事——正確的起步

我們都知道知足、諒解、感恩、平靜的價值，
卻無法擁有或維持上述情緒。
那是因為沒有「對的輸入」，
所以才沒有「好的輸出」。

人性的弱點就是在訂定目標時，愛說大話或高估自己，
卻做不到「生產輸送帶」的一絲不苟。
你期望獲得什麼，就得付出相應的代價。
要有足夠的行動，才有資格等待勝利。
誰不會「空談」？

☺ 第一節　情緒與壓力的特性

　　情緒是人類與生俱來的本能，無所謂好、壞，也無法壓抑、否認。壓力是引發情緒的刺激之一，不論事情大小，只要超過個人習慣的範圍或適應的極限，就會產生不愉快或難以控制的情緒，如：焦躁、驚慌、厭煩、苦惱、憤怒、恐懼、興奮、驕傲等。為了消除過度的情緒，要設法抒壓或抗壓，以重新恢復心理與生活的平衡。

　　壓力有外在及內在兩種，雖不完全是天性，但與情緒相似的是，也不能評價其好壞或逃避它。唯有「**面對它，接受它**」，然後「**處理它**」，不論結果如何都能「**放下它**」，才是與壓力相處的最佳模式。

😊 情緒的類別

最初的情緒表現稱為「基本情緒」，種類不多，如《禮記・禮運篇》的「七情」——喜、怒、哀、懼、愛、惡、欲。十七世紀哲學家笛卡兒（René Descartes, 1596-1650）認為基本情緒有六種——愛、恨、欲、喜、哀、羨，現代心理學家湯姆金斯（Silvan Tomkins）主張有八種——好奇（interest）、驚訝（surprise）、喜、煩惱（anguish）、懼、愧（shame）、惡、怒。

幾種基本情緒一起出現就合成新情緒，稱為「複雜情緒」。幾種複雜情緒混合，又形成更多變的情緒。如：「厭煩」（disgust）是由厭惡（aversion）、煩惱與憤怒所合成，「憂鬱」融合了害怕、煩惱、憤怒、屈辱與罪惡感。因混合而產生的新情緒愈來愈多，如：自卑、挫折、嫉妒、不安、興奮、滿足、失望、絕望、沮喪、緊張、同情、得意、羨慕、憐憫、自責、驕傲、渴望等。**有時候連自己也分不清是什麼情緒（如：百感交集）**，只感到情緒高張、激動，或情緒低潮、遲滯。

丹尼爾・高曼將情緒分為八種族類（張美惠譯，1996：318-319）：

A.憤怒：衍生煩躁、憤恨、敵意。

B.悲傷：衍生憂鬱、沮喪、寂寞、自憐。

C.恐懼：衍生焦慮、緊張、憂心、疑慮。

D.快樂：衍生滿足、幸福、愉悅、興奮、驕傲。

E.愛：衍生友善、摯愛、親密。

F.驚訝：衍生驚喜、震驚、訝異。

G.厭惡：衍生輕視、排拒、譏諷。

H.羞恥：衍生愧疚、懊悔、尷尬。

每一族類的核心即為基本情緒，而後有無數變體，層層向外擴散（張美惠譯，1996：319-320）：

> 外圍有一圈是心情，一般而言比情緒和緩而持久。心情的更外圍是性情，具特殊性情或氣質的人（如憂鬱、害羞、樂天等），較易引發特定的情緒與心情。最外圍則是恆常陷溺的情緒障礙，如抑鬱症或不斷的焦慮。

由內至外為：基本情緒→心情→性情→情緒障礙，可見情緒的複雜度與難以駕馭。處理不好即會打亂生活與工作步調，破壞身心健康與人際關係。

情緒的種類可依「方向」分為正向（positive）及負向（negative）兩類，正向或正面情緒令人愉快且希望擁有，類似「趨吉避凶」的「趨吉」，如：愛、喜、樂、羨慕、憐憫、好奇、渴望、滿足等。對人格成長及人際關係有很大的幫助，能增強活力或精力、使人努力向上，又稱「積極情緒」。

負向或負面情緒令人不愉快且希望避開，即「趨吉避凶」的「避凶」，如：怒、哀、懼、惡、欲、恨、嫉妒、自卑、羞愧、煩惱、失望、沮喪、憂鬱、焦慮、驕傲、驚訝、敵意、不安、挫折感、罪惡感等。會破壞生活品質及人際關係、降低活力與動機，又稱「消極情緒」。

但，過猶不及、物極必反，過多的正面情緒也可能變成負面情緒，如「樂極生悲」、「得意忘形」。所以順境時不要自以為是、堅持己見，應放低姿態、多聽取別人的意見，以免迷失自我、招來嫉恨。反之，負面情緒也可能轉為正面，若把逆境當成考驗或變身的祝福，「化悲憤為力量」、「危機就是轉機」，就能「轉危為

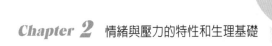

安」、「苦盡甘來」。

😊 情緒的特性

要深入瞭解情緒,須由其特性著手,主要如下:

一、原由性

情緒不會無緣無故出現,必有引發的「刺激」,如:

(一)原有的刺激

指原始、先天及普遍的刺激,主要為感官感受如:香味、好看的東西、好聽的聲音、甜味、輕撫、擁抱等,使人愉快而想要接近。反之,臭味、骯髒、尖叫、苦味、強光、痛擊等,令人不愉快而想要閃躲。「原有的刺激」引起本能的情緒反應,例如:突然或猛烈的刺激使人恐懼,遭到攻擊或挫折使人憤怒。

(二)習得的刺激

經由制約、類化及模仿而來,包括舊經驗的遷移或是新經驗、新環境的影響。例如:小孩子怕鬼,也許模仿自父母,或是聽了鬼故事後,加上自己的想像。

(三)情境的刺激

指自尊或目標受到威脅,屬於情緒引發的社會因素。例如:看到別人有傑出表現而產生嫉妒、自卑、羨慕、厭惡等情緒,與人相處和睦及彼此信賴時感到幸福、滿足等,與人競爭、一較高下時感到嫉妒、憤怒、委屈、怨恨、敵意、猜疑等。

情緒的發生依個人對情緒刺激的解釋或評價而定,研究證實,**「認知評價」是情緒表現的關鍵**,最具代表性的證據是夏克特

（Schachter, S.）及辛格（Singer, J.）（1962）所做的實驗。他們對實驗組注射腎上腺素，對控制組注射生理食鹽水，但兩組受試者都以為自己注射的是維他命。再將實驗組細分為三組：

> 第一組告知注射後會有心悸、震顫、臉紅及呼吸急促等反應，這些是注射腎上腺素的生理變化，故稱「正確告知組」。
> 第二組則故意扭曲其反應，告知會有雙腳麻木、全身發癢及頭痛等症狀；這些反應與腎上腺素的作用無關，故稱「錯誤告知組」。
> 第三組則不做任何說明，故稱「未被告知組」。
> 控制組亦不做任何說明。

每組均進入兩種預先安排且受試者毫不知情的實驗情境，當中有一位受試者是實驗助手。第一種情境是實驗者請受試者在一個髒亂的房間內等候二十分鐘（此為腎上腺素作用持續的時間），等維他命流入血液後再做視覺測試。實驗者離開後，房間內的實驗助手即用廢紙摺籃球、做紙飛機、打彈弓、跳呼拉圈等，表現出十分愉快的樣子。

另一實驗情境是要求受試者填一份問卷，內容極具攻擊、侮辱性。實驗助手剛開始表現出一無所知的樣子，繼而出現憤怒的情緒，最後則撕掉問卷並離開房間。

經由單面鏡觀察及自陳問卷，受試者的情緒狀態如下：

1. 實驗組的「正確告知組」由於瞭解生理變化是注射維他命的副作用（其實是腎上腺素），所以不受實驗助手影響，沒有跟著出現愉快或憤怒的情緒。
2. 實驗組的「錯誤告知組」因為無法解釋為何會心悸、震顫、臉紅、呼吸急促，所以受到實驗助手的影響，出現相同的愉

快或憤怒情緒。

3. 實驗組的「未被告知組」因為不知道自己生理反應的真正原因，所以一樣受到實驗助手的影響，出現愉快或憤怒的情緒，但不像「錯誤告知組」表現得那麼強烈。

4. 控制組因為沒有任何生理反應，不需要從情境中找尋生理變化的線索，因此不受實驗助手的任何影響。

由此實驗可知，受試者對自己的生理反應若有適當的解釋，就不會受到實驗助手的影響，也不會產生任何情緒反應。否則，即會透過認知評價從環境中找尋原因，以便對自己的生理反應做出解釋。

二、後效性

情緒包含內在感覺與外在反應，內在感覺如：心花怒放、心如刀割、心亂如麻、如釋重負、萬念俱灰、急得像熱鍋上的螞蟻、心中小鹿亂撞等，或籠統的悶悶不樂、難受、痛苦等。有時，內在感覺想要發洩出來，如：生氣時恨不得打對方一耳光，悲傷時想躲開人群甚至毀滅自己，快樂時想向全世界宣告。有時自己會否認與逃避某些不愉快的情緒，久之即無法辨識內在真正的情緒感受。

情緒的內在感受或衝動，不見得都適合直接表現。例如，對父母、師長、老闆、朋友或配偶、親密愛人等感到不滿時，多半選擇忍耐或以其他方式宣洩。但壓抑過多就可能遷怒無辜，甚至轉為自我傷害，錯失解決問題的時機。

情緒的外顯部分包含生理反應、臉部表情、聲音變化、肢體動作等。生理變化由腦部副皮質區邊緣系統的下視丘負責，經由自主神經系統表現。自主神經系統分為交感與副交感兩部分，**交感系統的神經細胞源於胸部，可釋放更多能量（血液、血糖）以應付壓**

力：相關的生理反應如：瞳孔擴張、口乾舌燥、心跳加速、呼吸急促、毛髮豎起、流汗、抑制排泄、胃部緊張等。**副交感系統的神經細胞源於腦幹及薦部，可「抑制」某些生理變化，如：瞳孔收縮、呼吸減緩等，使身體感到輕鬆。**

交感神經衝過頭，身體會吃不消（鄭涵文、黃文彥，2014）。交感神經與副交感神經本來互相拮抗、相輔相成，若把交感神經形容為油門，副交感神經就是煞車；開車時不能猛踩油門，需要煞車輔助。若交感神經系統運作頻繁或持續太久，一直處在「戰鬥」或「警戒」狀態中，會造成血壓上升、肩頸痠痛、胃部不適、呼吸不順暢、頻尿等；連帶抑制副交感神經系統運作，使人愈來愈難以放鬆，容易感到疲憊，失去工作創意與生活熱情。慢性疾病也會日因而上身，如高血壓、心臟病、胃痛及十二指腸潰瘍，甚至導致癌症。

情緒表達搭配各種表情，如眉開眼笑、苦瓜臉、強顏歡笑；以及各種動作，如握拳、跺腳、擊掌、摸頭、手舞足蹈、步履沉重。有些動作是直接的生理反射，有些則是後天學來的次級反應。例如受到驚嚇時，直接反應是張口結舌、手腳發軟、肌肉緊繃，次級反應則為防衛或逃跑。**次級反應通常包括一連串複雜的「行動」（包含言語），可能會形成習慣或人格特質。**

情緒還可從聲音線索來察覺，不同的情緒在語氣、音量、音調、停頓等方面均有差異。即使同一種情緒，也因程度強弱而使聲音產生變化。這些變化雖然很細微，仍可被感受或觀察到。對聲音表演者來說，這些細微變化叫做「聲音表情」。

情緒的外在部分不一定都能真實表現，報復或攻擊行為會破壞人際關係、影響自我形象，多半傾向隱忍下來，甚至以相反的情緒來掩飾。但如果真實的情緒一直不能表露，會造成內在的衝突，形成「表裡不一」、「內外不一致」的矛盾性格。

　　情緒反應有其後續效應，輕鬆愉快的情緒使人積極、振作，悲傷沮喪的情緒使人消沉、頹廢。負面情緒若控制不當，會破壞身體健康、人際關係；若維持笑臉迎人、心平氣和，則可廣結善緣。

三、可變性

　　情緒的變化很大，受到「成熟」及「環境」（遺傳及學習）兩方面的影響。身心逐漸成熟、能夠深思熟慮之後，就會考慮「這種情緒是否可以表達？表達後會有何影響或後果？」當語言表達及溝通能力愈來愈強，也會有更多空間及彈性來調整情緒反應，也就是較佳的情緒控制。

　　年齡愈長、接觸的環境愈複雜，愈知道不能「自我中心」，要考慮別人的感受及反應以獲得「重要他人」的接納。個人成長的「小系統」（家庭、學校、同儕、鄰居）及「大系統」（歷史、文化、宗教、經濟、價值），存在著許多有形無形的規範或道德準則，影響情緒表達的方式。若完全依照外在規範行事，可能因盲從而扭曲了某些情緒，反使心情愈來愈糟，連帶貶低自信心與自我價值。此時須加強個人的判斷能力，以選擇或決定較佳的情緒表現方式。

　　情緒雖是天性，但情緒反應多半靠後天學習。**每個人都需要提升情緒表現的層次，以達「情緒成熟」的境界。**如：

1. 從心理層面進入道德層面，培養道德良心——以「情緒感受」（感覺好或不好）做為個人內在獎懲的法則。從「我的感覺」及「行為衝動」，轉變為「我該怎麼想、怎麼做」，以主宰或控制自己的情緒。
2. 調和知性與感性，使人性發展不致偏歧。
3. 勇敢面對自己的情緒困擾，不逃避已發生的情緒問題。靠著理性與內控對抗不合理的情緒感受及過度的情緒表現，減少

情緒衝動及情緒爆發。

4.能心平氣和「選擇」較佳的情緒溝通方式，不傷害別人及自己。

情緒與壓力管理練習

1.「以情緒感受（感覺好或不好）做為個人內在獎懲的法則」，這句話對你有何意義？

2.當外在一件悲慘的事情發生，你通常怎麼處理你的情緒感受？是「忽略」或「加深」？與你的成長背景有否關聯？

胡鈞怡／繪

第二節　情緒與壓力的生理基礎

　　丹尼爾‧高曼深知情緒的驚人影響——建設性與破壞性，所以提倡好好駕馭情緒，才能擁有足夠的競爭力。在所著《情緒競爭力UP》（歐陽端端譯，2013）一書中，他先指出人類大腦對負面情緒的過度反應：

> 杏仁核是大腦偵測威脅的雷達。……一瞬間它就會接管大腦其他區域——特別是前額葉皮質區，然後就出現所謂「杏仁核劫持」（amygdala hijack）的情緒失控現象（頁64）。
> 杏仁核只得到非常粗略的訊息，就立刻做出反應。它經常出錯，……因此我們過度反應，事後又經常感到懊悔（頁68）。

　　杏仁核（amygdala）位於腦的底部，屬於邊緣系統的一部分；因為形狀類似杏仁而得名，掌管焦慮、急躁、驚嚇及恐懼等負面情緒，故有「情緒中樞」或「恐懼中樞」之稱。經由感覺器官接收到的訊息，絕大部分直接傳送至大腦皮質處，經由數條迴路分析後，才會產生合理的反應。**另外一條資訊傳遞途徑則會經由間腦，直接傳送至杏仁核，這種聯繫十分快速而直接，常無法做出正確而精準的處理。**
　　一旦面對突如其來的刺激，也許大腦皮質還在努力針對各種感官資訊進行分析，杏仁核早已搶先用恐懼這類強烈情緒支配身體進行快速反應。杏仁核會送訊號到下視丘和交感神經系統，產生戰鬥或逃跑的反應。這種反應與理性無關，純粹是杏仁核接收資訊後的直接反射。某種層面來說，應該屬於一種保護機制，讓你在受到傷害前先做出反應。

　　情緒不只是感覺，也是一組來自身體的反應；是幫助個人生存的機制，讓我們遠離險惡、避凶趨吉。大腦的杏仁核判別出「恐懼」以後，身體自然進入備戰狀態，交感神經變得活躍，瞳孔放大，肌肉變得有力，血壓升高，心臟跳得更快。身體機制原是為了應付緊急狀況，但如果長期處在恐懼的情境下，過度緊繃就會對身體造成負面影響，如胃痛或胃潰瘍。自律神經長期處於興奮狀態，會影響呼吸、心臟、腎臟等器官，造成心臟無力、心悸或呼吸不順。常緊張分分也會導致焦慮不安，甚至恐慌。

　　大部分的情緒與杏仁核有關，杏仁核的運作是自主的；雖然意識可影響腦皮質的作用，但這條路徑遠小於杏仁核至皮質的路徑。故情緒可產生動作或行為，使一個人在完全沒有意識的狀態下，轉身離開或衝上前去。這樣情緒化的後果有時很糟，但在當下就是忍不住。

　　美國神經心理學家瑞克·韓森（Rick Hanson）表示（韓沁林譯，2015：41），**杏仁核也會對正面事件和感覺產生反應，但是大部分人比較容易被負面事件啓動**。而且過往的負面經驗，讓杏仁核對負面經驗更加敏感。要如何使杏仁核對正面經驗產生強烈反應，也就是「腦隨心轉」呢？韓森說：「**你的心放在哪裡，正是你大腦的主要塑形者。**」（韓沁林譯，2015：28-29）

> 你如果一直把心放在後悔、自我批判、焦慮、抱怨別人、受傷和壓力上頭，你的大腦就會變得更過度反應，更容易因為焦慮和心情沮喪而受傷，只會注意威脅和損失，容易生氣、難過和有罪惡感。
>
> 你如果不斷把心放在好的事件和狀態、愉快的感受、完成的事情、肉體的愉悅、自己的善念和好的特質上面，你的大腦就會改變，其中深植著力量和恢復力，充滿務實的樂觀態度、正面心情和價值感。

　　所以，我們要努力留意及創造正面經驗，「創造」是指從下列事項「發現」好事，如（韓沁林譯，2015：143-144）：目前的狀態、最近的事件、持續的狀態、個人的特質、過去、未來、與人分享、壞事、關心別人、別人的生命、想像、直接產生、把生命視為機會等。瑞克·韓森說（韓沁林譯，2015：92）：

> 大腦是個生理系統，就像肌肉一樣，你愈鍛鍊，就愈強壯，所以要讓吸收美好經驗，成為你日常生活中的例行事務。一開始你必須有點刻意，但是慢慢會養成習慣。

　　左前額葉的活動除了有興奮的感覺，還會抑制杏仁核的活性，降低負面情感的產生。所以，下次快要情緒「爆發」時，先想一下、緩一下，才不會因一時衝動，犯下無法彌補的錯誤。

　　高曼在《情緒競爭力UP》一書中引用理查·戴維森（Richard Davidson）（威斯康辛大學情感神經科學研究室主任）的研究結果，從腦波偵測情緒活動狀況發現：

> 當我們陷入情緒失控或痛苦情緒支配時，右前額葉皮質區就相對比較活躍。當我們感覺良好時——有熱忱、有活力，什麼事情都難不倒我們，左前額葉皮質區就興奮起來（頁78）。

　　高曼以北卡羅萊納大學心理學家芭芭拉·佛列德瑞克森（Barbara Fredrickson）的研究成果——「**增加正面情緒，就能創造想要的人生**」，做為實施「情緒教育」的重要建議：

> 過著富足人生的人，也就是人際關係良好，能從工作中得到滿足，或是覺得自己的人生有意義的人，他們的正面情緒與負面情緒比至少為3：1。在最優秀的團隊中，正面與負面情緒比是5：1（頁81）。

這個研究結論與瑞克·韓森建議的「努力留意及創造正面經驗」相同，但更加簡單明確。只要增加正面情緒，且達負面情緒三倍以上，就能提升各方面的滿意度。書中提到增加正面情緒的最簡單方式是「放鬆」，**「當我們放鬆的時候，副交感神經就會活絡起來。……這和活躍的左前額葉皮質區相關（頁82）」**。放鬆的方法包括：在忙碌生活中抽空休息（遛遛狗、沖個澡），以及「正念訓練」——**「對當下經驗保持一種中立的態度，對心中升起的任何想法或感受建立一種不加評判、不予回應的覺察力（頁83）」**。要避免一直處在緊繃或攻擊狀態。其他可增加正面情緒的方式就須個人努力，留意與創造「幸福」。

實境與解析

報載（2014年8月16日，高宛瑜），二十歲的許律雯在高中時發現自己罹患罕見疾病「重症肌無力」，除了四肢沒力之外，甚至無法睜眼、吞嚥，連呼吸都受到影響。嚴重時需要全身換血，疼痛得讓她「不想再做第二次」（但她已做過三次全身換血）。她擔任社團幹部，在校相當活躍。病後常在醫院度過，看到親人、朋友為她哭泣，她說：「我如果難過，他們也會難過」，所以決定堅強以對。

她一直有環島的夢想，看到高雄氣爆事件，加上醫師鼓勵她「想做什麼就快去做」，使她決定從高雄出發環島，沿路給民眾「Free Hug」（自由擁抱），並分享自己的故事——「給大家力量」。

許律雯說，生病後她常思考：「我到底還能做什麼？」她體認到不一定有錢才能做好事，希望透過自己的分享和行動來鼓舞他人。

情緒與壓力管理練習

　　你相信「藉由增加正面情緒，就能創造想要的人生」嗎？你如何使自己的正面情緒與負面情緒的比例為3：1，甚至是5：1？

相關學習資源

一、電影

　　印度電影《史丹利的便當盒》（導演：阿莫爾古普特，2012）。

　　推薦理由：八歲的史丹利有著豐富的想像力、語言能力與表演才華，深受同儕歡迎。某一天，史丹利不再帶便當盒上學；他用各種理由來解釋，同學並不懷疑，還不吝將食物與他分享。

　　被稱為「大暴君」的老師發現這件事，不僅嚴屬地指責史丹利，還「掠奪」孩子們與史丹利分享的食物。史丹利帶著大家更換午餐地點，最後仍被「大暴君」找到。為了懲罰學生不願與老師分享便當，老師將史丹利趕出校園。史丹利為了重回同學身邊，某天帶著一個很大的便當盒到校與「大暴君」分享。這深深地衝擊到大暴君的良知，使他無地自容，並向史丹利道歉，最後辭職離開學校。

　　史丹利沒帶便當的真正原因是父母意外雙亡，他寄住在親戚家，沒得到多少照顧卻動輒被打罵。無助卻堅強的他，選擇隱瞞這一切，如此才能保有幸福的滋味與開懷大笑的權利。他選擇淡化人性的醜惡、彰顯人性的良善，這並非自欺欺人的逃避行為，而是在自我抉擇中找到生命的動力。

情緒 與 壓力管理

二、書籍

一行禪師（2006）。《耕一畦和平的淨土》。台北市：商周。

推薦理由：一行禪師1926年生於越南，是著名的學者暨和平主義者。越戰期間被迫流亡海外，長居法國「梅村禪修中心」。他創辦多所寺院，持續為俗家眾提供禪修課程，已出版上百本書。

1960年，一行禪師獲得普林斯頓大學獎學金，赴美攻讀宗教比較學。之後在哥倫比亞大學教授佛學課程，持續推動反戰運動；1963年回到越南推動反暴力和平運動。金恩博士提名一行禪師為1967年諾貝爾和平獎候選人，且公開為他站台，強力要求委員會頒獎給他（此舉違反諾貝爾的傳統和協議，所以委員會那年未頒出和平獎）。

一行禪師經歷過越戰的嚴酷考驗，仍堅信從內心到家庭、社會、全世界都必須終止暴力，絕對不以破壞性的言語攻擊和傷害身邊的人。要做到這點，應先覺察自身的憤怒、孤立和不安，不使其累積，更設法將其轉化。要學習保持正念，以慈悲之心來說話和聆聽。

Chapter 03 活力與創意的源頭

- 提升睡眠品質
- 呼吸、靜坐與冥想
- 休閒、運動與快樂食物

對的事──正確的起步

「活力滿滿」與「死氣沉沉」之間，
不是分立的兩端，而是連續的數線。
我們都希望屬於「正向」的一端，
但不小心偏到「負向」的一端。
為什麼有人能精神奕奕，
自己卻昏昏沉沉？
睡得好就有活力與創意，睡不好就一事無成。
但好好睡卻「知易行難」。

想要好好活著，別再「捨不得」睡覺啦！
快正視「睡眠」這件大事，快恢復睡眠的「本能」吧！

🙂 第一節　提升睡眠品質

每個人都「期望」一起床就充滿「活力」，接著展開充實的一天。若沒有活力就「提不起勁」，不僅是外在行動，更包括內在的創意。沒有創意等於「競爭力」不足，很容易遭到社會「淘汰」。台積電董事長張忠謀說（郭政芬，2014）：

年輕人必須會創新，沒有創新的創業不會成功，對社會也沒有貢獻。公司不同階層的人才，要求的條件雖不同，但「創新力」卻是每一個員工都需要的。

　　要有活力與創意，就得從「睡眠充足」做起。若日夜顛倒、作息不正常，「睡到自然醒」的後果是蹉跎了寶貴的一天。不少人轉而寄望「明天會更好」，但若什麼都沒有改變怎可能會更好，只有「不進則退」吧！長期睡眠不足，使人反應遲鈍、記憶力衰退、判斷力變差、易怒、憂鬱和焦慮。依《精神疾病診斷與統計手冊》（*Diagnostic and Statistical Manual of Mental Disorders*）五版（DSM-5）所列，失眠症、嗜睡症、憂鬱症、廣泛性焦慮症等疾病，都有睡眠困擾。

　　統計資料顯示，**台灣民眾失眠比率是亞洲之冠，四分之一以上人口有睡眠障礙**，就連小孩也嚴重睡眠不足。因為大部分的小孩配合大人作息，到晚上十一點以後才上床睡覺。85%國中生每天睡不到八小時，成年人也睡不到七小時。即使自認白天精神狀況良好、已睡足八小時，還是無法還清睡眠債，其實也沒有自認為的「清醒」。

　　睡眠心理師盧世偉提醒（2010），若不償還睡眠債，會導致情緒低潮、易怒。**還債方式是「定時定量還債」：逐漸增加睡眠時間，正確的方式是提早上床**，而非延後起床。長期欠睡眠債的人，常處於警覺度高的狀態，不易睡得久。為了增加睡眠時間，最好學習放鬆，如腹式呼吸，降低相關系統的活躍度。

　　政大睡眠實驗室主任楊建銘指出（詹建富，2010），很多上班族或學生因工作或考試而熬夜，總等到週末、假日再好好補眠。但長期累積的「睡眠債」不是一週少睡七小時，在一兩個假日裡多睡幾小時就可以補足。楊建銘說，如果集中假日補眠，會造成生理時鐘的延遲，使得該上床睡覺的時候卻難以入眠。到了週一上班、上學時睡意濃厚（所以稱為憂鬱的星期一），反而得不償失。**如果睡眠時間不規律，會種下日後慢性失眠的後果。**

　　上海同德堂中醫師胡乃文指出（吳涔溪，2007），現代人日

夜顛倒，白天才入睡，夜晚卻熬夜工作，長期下來必然睡眠品質不佳。加上工作壓力、緊張、害怕、煩躁等氣血不調和，容易傷到肝和心，自然無法安然入睡。胡乃文建議，何妨試試日漸受到重視的「打坐」，讓腦袋思緒重新歸零。不僅可以好好睡覺，腦波中的 α 波增強後，免疫細胞及分泌物也跟著多分泌一些。

天然食品可以補充助眠的褪黑激素，如：番茄、洋蔥、黃瓜、櫻桃、香蕉、燕麥、米、玉米、牛奶、芝麻、南瓜子、杏仁果、黑核桃、薑、明日葉、甜椒、葵瓜子等，少吃或斷食也可促進小腸產生褪黑激素。褪黑激素在深夜十一時至凌晨分泌最盛，所以早些上床睡覺，效果最好。曬太陽可提升白天與黑夜褪黑激素的差距，幫助褪黑激素在夜晚分泌增加。菸及酒精會破壞褪黑激素的自然循環與夜間分泌，開燈睡覺也會抑制褪黑激素的分泌。午睡太久會讓褪黑激素分泌升高，進而影響褪黑激素在夜晚的分泌。肥胖也會使褪黑激素的分泌受到阻礙。

美國國家睡眠基金會推薦一個方法，幫助大家可以睡足八小時（陳芳智譯，2003：282），就是**將上床和起床的時間固定（或先由固定起床時間開始），設法持續一個星期，即使週末週日也一樣。**只需要一個星期，生理時鐘就可以調到新的時刻。再繼續努力，逐漸調整到理想的上床及起床時間（例如晚上十一點前上床，早上六點起床）。

 情緒與壓力管理練習

你對於自己的上床、起床時間及睡眠品質，有多少自我覺察甚至是覺醒？是否應該立即改善？從哪些地方開始？

第二節　呼吸、靜坐與冥想

　　活力及創意無法僅靠外塑或訓練，須發自內心、由內而外。靜坐與冥想是值得一試的好方法，由此可找到內在的活水源頭。「靜坐」的英文meditation源於拉丁文meditari，意指「沉思之方法」，也譯為「冥想」，能改變人的意識狀態。**腦波在 α 波（週波數為7-13Hz）時最為放鬆、最有創意，進入冥想狀態時即會產生 α 波。**

　　美國班森─亨利身心醫學研究院（Benson-Henry Institute for Mind Body Medicine）的赫伯特‧班森醫生（Dr. Herbert Benson），帶領一項有關靜坐與壓力抑制的相關研究（葉心怡編譯，2008），發現「靜坐冥想組」抑制壓力基因（Stress-related genes）的數量約為一千個，是「控制組」的兩倍。研究人員對控制組（非靜坐冥想組）也進行八星期、每天十分鐘的靜坐冥想活動，發現短期的靜坐冥想訓練，也可產生抑制壓力基因表現的效果，只是程度上低於長期的靜坐冥想組。也就是說，**當你從事靜坐冥想活動，進而啟動舒緩反應時，壓力基因就會轉變。**

　　擁有生化及醫學雙博士的楊定一，特別推薦「呼吸」結合「靜坐」對身心放鬆的效果（陳夢怡譯，2015：12）：

> 選擇一個呼吸的節奏，例如每分鐘五次或六次的呼吸，練習時既要專注於呼吸本身，專注於慢下來的呼吸本身，也要覺察呼吸。從這個角度來說，它確實蘊含了「止」的專注定力與「觀」的覺察關照。……在一呼一吸之間保持關照，我們的「覺」也隨之自然生起。

　　楊定一推薦的「整套練習」包括呼吸及靜坐，能幫助克服負面

情緒、釋放內在的創造力，讓我們更有創意，也與人更親近、更有愛心（陳夢怡譯，2015：105）。

威爾‧鮑溫（Will Bowen）在《祝你今年快樂》一書中，特別**推薦靜坐冥想，「不只能讓你掌控你的思想，也能加深你的靈性，兩者都可以造成更高且持續的快樂感。」**靜坐冥想的主要技巧如下（摘自莊安祺譯，2012：71-73）：

1. 舒服的挺直腰桿坐好，手放膝上，掌心朝上，閉上眼睛。
2. 專注、深沉、韻律的用鼻子吸氣和呼氣，感覺腹部隨呼吸上下起伏。
3. 可以手指記錄呼吸次數，先由右手開始，每呼吸一次就由大拇指移到食指、中指、無名指、小指，接著換左手。
4. 當其他思緒飄入腦海時，可將它分類（待辦事項、自我批判、教導等），再重新開始計算呼吸的次數。

每天需要幾次短暫的冥想，集中思想在幾個字眼上，如：平靜、放下、感謝、原諒、相信自己等，以改變意識狀態。一般的思考大都在煩惱某些現實問題，冥想就可使人「停止焦慮」。靜坐冥想之後，壓力造成的頭痛會消除，思路會更清晰，呼吸會減慢，血壓會下降，肌肉會較為鬆弛。緊繃是壓力的來源，我們不能寄望沒有壓力，但藉助「冥想」的短時間放鬆，即可達到較長時間休息的效果。

上述冥想稱為「集中式冥想」（Concentrative Meditation），藉著縮小注意的焦點，停止或減緩狂亂的思考，以消除思想中的壓力成分，回復內心的寧靜。剛開始學習靜坐時，儘量不要將煩心的現實問題帶入，只需完全的放鬆，不做任何期待。迎接任何進入心靈的新經驗，讓它自由運作、隨遇而安，如此身心方可獲得靜息。

靜坐的地點在家裡、辦公室、公園或其他「秘密花園」均可，

只要是較安靜，不被打斷、打擾的地方。靜坐時可採盤坐或一般坐姿，儘量坐直、不要彎腰駝背，掌心朝上，雙眼微閉（可留餘光）。用計時器提醒時間，但不要因此有壓力。還要注意的是，靜坐是放鬆而非催眠，不要睡著了。

每天都能靜坐幾次，專注力增強之後，即可以「開放的態度」將一些疑惑呈現出來，讓內心自由、多角度的審查，尋找有用的解決方法。每個人都會遇到瓶頸、病痛、災難，包括不能知福惜福而浮躁不安。遇到無法承擔的磨難時，亂了方寸即會錯了腳步，因而「一步錯，步步錯」，無法自拔與回頭。這時**運用「開放式冥想」**（Opening-Up Meditation），**提升對自己思想與行動的覺察，知道正在做什麼以及為什麼要做**。覺察對所做的事感到緊張，在造成損失之前改變行為，避免不必要的壓力與衝突。

開放式冥想的「基本場景」（挑選你喜歡的山上、溪畔、海邊、草原、花園等），以及內在的言語或對話如下：

> 今天天氣很舒服，我想外出爬山。我穿上輕便服裝及好走路的球鞋，往登山口出發。上山後轉幾個彎，漸漸聽到水聲；山谷裡有一條清澈的小溪，溪邊有幾塊大石頭。我選了一塊合適的石頭坐下，溪旁還有不少的大樹可遮蔭。聞著清新的空氣，聽著潺潺的水聲，心情覺得特別寧靜。

這些場景的營造需要運用所有感官，使想像的情境儘量逼真。當你找到一個自己喜歡的地方、可以好好放鬆之後，就可把注意力放在冥想的核心，也就是想像一位能與你對談、為你解惑的「心靈導師」。冥想內容示例如下：

> 有位灰長頭髮的智者也在溪邊，微笑的注視著你，等待你告訴他有什麼困擾；你可以自由的向他傾訴，並聆聽他對你衷心的

建議。交談後你向他致謝，他則歡迎你隨時再回來。

冥想當中，你會聽到智者的開導；這些話語讓你的心情篤定，知道該怎麼行動。其實這位智者只是你內在最清明的理性，平時在紛擾的環境中幾乎被埋沒。藉由放鬆回到內心深處，才能找回人生或行動的「最佳解答」。

 情緒與壓力管理練習

初學靜坐與冥想，可從五分鐘開始，慢慢增加到三十分鐘或更久。先靜坐五到十分鐘，調整身心後，再靜坐第二次的五到十分鐘，然後再第三次的五到十分鐘。

靜坐之前先檢查肌肉是否放鬆，檢查的方法如下：穿著舒適，仰躺在柔軟的墊子或坐在椅子上，兩手放在身體兩側或膝上，專注的、深度的呼吸。從頭部及臉部開始，想像遍及整個頭部的前前後後，吸氣時檢查這個部位的肌肉哪裡緊張，呼氣時把肌肉放鬆，體會肌肉愈來愈鬆弛的感覺。按照「吸氣→呼氣→愈來愈放鬆→愈來愈舒服」的順序，接著檢查頸部、肩膀、手臂，再來是背部到臀部，最後是大腿和小腿。

第三節　休閒、運動與快樂食物

抒壓或提升活力的方法很多，要找CP值（price–performance ratio）較高的。CP值或譯為「價格效能」、「成本效益比」（cost–

performance ratio），是指產品根據它的價格所能提供的性能。CP
值依字面是「價格對性能的比值」，實際上卻是「性能對價格的比
值」。以數學公式來說，CP值＝性能／價格。所以，提高CP值有兩
個做法，一是降低價格，另一為提高產品性能。

以降低價格來說，價格最直接的衡量是付出的金錢，例如出國
旅遊、吃美食、買名牌等都需要較高的金額。這些「產品」對壓力
抒解的「性能」不一定高於與家人、知己促膝長談，或吃家人為你
煮的食物。粗茶淡飯或到森林享受芬多精，都不需要太大金額，卻
可獲得很大的快樂。

以提高產品性能來說，從前你的抒壓方式可能是「開車兜
風」，若改成「慢跑或健行」，情緒感受可能就大不相同。開車時
速度很快，眼前美景稍縱即逝。而且當你一心想抵達目的地，最後
看到的也只是單一景點。旅遊結束後可能覺得更疲憊，並未達到抒
壓效果。健行就不同，比起開車至少慢十倍以上，所有風景均以3D
效果呈現眼前。雖然走時渾身大汗，愈走卻愈感到輕快。回家以後
不僅心情愉悅，當晚也會睡得特別香甜。

適度運動及每天定時曬十五至二十分鐘太陽，有助於提升血清
素濃度。以快步健走為運動，每天走一萬步（其實不簡單），對控
制體重、維持身材都很有幫助，心情當然快樂囉！

其他能提升活力的休閒活動很多，如：跳舞、演奏樂器（例如
打鼓）、園藝等。最近我有機會現場觀賞國際鼓樂節的演出，才真
正體會「一鼓作氣」（《左傳·莊公十年》）的意義與力量。「一
鼓」指第一次擊鼓，「氣」是指勇氣。

許多小盆栽（仙克來、長壽花、種子森林等），價錢便宜甚至免
費，花期卻頗長或綠意盎然，令人開心不已。在陽台、前院等小空間
建置幾個小花圃種花、種菜等，均有著無限的樂趣。水族箱也是CP
值很高的休閒（加上「魚菜共生」更妙），以我家來說，看著書桌前

的大水族箱內魚兒游來游去，寫作或授課準備都更有靈感。**更別說我家收養的流浪貓「潤潤」，抒壓效果更是第一名。**

血清素又稱「快樂情緒因子」，但身體無法自行產生，必須從食物中攝取特定營養素，如：色胺酸、生物鹼、菸鹼酸、Omega-3 脂肪酸及硒或維生素C、B_1、B_2、B_6、B_{12}等才能合成。**能製造或提升體內血清素的食物，就叫快樂食物，**例如：牛奶、豆漿、豆腐、深綠色蔬菜、香蕉（被公認為快樂食物之首）、深海魚、雞肉、南瓜、櫻桃、深色李子、堅果、燕麥、蘇打餅、全麥麵包、大蒜、葡萄柚、番石榴、奇異果。飽餐一頓之後，吃幾片柑橘抒壓，也可重新找回活力（蔡容喬，2014）。

甜食在短時間內會讓血糖急速上升，暫時產生興奮或愉悅感。但身體分泌胰島素後，血糖又會急速下降，反而造成沮喪、焦慮感。高油的速食如炸薯條、炸雞、漢堡、甜甜圈等，因低密度膽固醇偏多，會阻塞動脈、產生自由基，導致神經元受損，影響神經傳導，也會讓情緒低落、焦躁。咖啡過量會引發心悸、憂鬱，過量飲酒會消耗大量B群，讓身體產生壓力。飲酒後六至十二小時內，會出現焦慮、恐慌感，讓心情更憂鬱。

喝杯香醇的咖啡或花茶，適度享受巷弄美食，都是人生的樂趣選項。但要提醒的是，心情不好時靠著大吃大喝來「補償」，雖然有立即抒壓的效果，但事後腸胃不適或發胖更「得不償失」。讓人恢復活力的活動還很多，如：泡個精油或花草的熱水澡、偶爾放自己半天假、買件年輕或舒服的衣服、參加宗教或其他心靈活動。

奢侈品或奢華享受需要高昂的價錢，但有許多「不需花錢的奢侈品」，你一定要多嘗試，例如：

1.接觸大自然：除了去大山大河，你家附近的小丘小溪也可以。

2.與知心好友相聚：好朋友約你聚會時，一定要把握見面及分

胡鈞怡 / 繪

  享的機會。

3.珍惜人生伴侶：百年修得共枕眠，要珍惜善緣。

4.睡個好覺：早睡早起、睡足七小時。

5.自助旅行：出國或在你家附近尋幽訪勝。

還有一些更高層次的免費奢侈品，如：

1.生命開悟：我思故我在，我是獨一無二的。

2.引領別人生命開悟：幫助別人看重自己、建立自信。

3.自我實現：達成短、中、長程目標。

4.安排及享受自己的空間與時間：珍惜擁有，不計較擁有多少。

實境與解析

　　不少人把不快樂歸咎於「貧窮」，以為只要「富裕」，便能擁有快樂。但欲望沒有止境，有了好的會想要更好的；不僅不因「擁有」而快樂，反而因「未擁有」而更不快樂。

　　貧與富、苦與樂沒有直接的關聯，以500元來說，可能不夠富人喝一杯咖啡，或即使喝了500元的咖啡也不感到快樂。對窮人來說，500元可買到許多想吃的東西，每一口都無比幸福。

　　快樂與否的關鍵不在於你有多少錢，而在於心態。若能做到錢愈少反而愈開心，或能捨棄表面的擁有，這才是真正的幸福境界。神父、修女、牧師或法師等傳道人，將自己的外在收入完全奉獻，穿著與居住樸素。大多數人雖做不到，至少可以減少物質欲望與享受，參加公益活動，注重精神層次的提升，多與大自然接觸。不要盲目的以價格代表價值，才能活出真正的快樂。

　　現在起，要花500元之前，先想想如何創造自己及別人更多的幸福，尤其是金錢買不到的幸福。

 ### 情緒與壓力管理練習

　　奧地利的城市到處是大片地毯般起伏的草地，草地上躺著日光浴的俊男美女。芬蘭的住宅彷彿蓋在大公園裡，經過寒冬後的樹木花草長得更朝氣蓬勃。加拿大綿長的洛磯山脈，放眼皆是大山大河、巨木參天。搭著大船行走在挪威冰河切割而成的峽灣中，讓人感到寧靜且心胸開闊。

好嚮往吧！這些大自然景觀確實有療癒及抒壓效果。儘管不能長住在夢想的國度，但「凡走過必留下痕跡」，只要經常回味、讓自己沉浸在那種氛圍中，就值回票價。重點不是要你參加歐美豪華旅行，才能享有頂級景點。而是從你住家附近開始「尋幽訪勝」，如：各家的盆栽、小花圃，大樓公共空間及社區公園的園藝設計，鄰近小山坡的野花及樹木。再走遠些，也許就有河濱公園或登山步道，來個半日遊。請你的眼睛幫幫忙，找到讓人開心的植物與動物，以及整個大自然完美的構圖。

如果天氣不錯，請你的腳再勤快些，帶你去一日、兩天一夜的旅行，讓你的感官更活潑。

相關學習資源

一、電影

希臘電影《我的廢墟生活》（*My Life in Ruins*）（導演：唐納德・佩特瑞，2012）。

推薦理由：年輕的Georgia原在大學擔任歷史學講師，失業後繼續尋找其他教職時，暫時擔任古蹟導遊的工作。她雖然熱愛歷史，但對導遊工作卻缺乏熱情。她的導覽解說雖然詳盡、有深度，但遊客仍興趣缺缺，幾乎沒人對她的行程安排感到滿意。加上她又與團裡的客人發生嚴重衝突，灰心之際，決定在帶完這一團後就辭職。

遊覽車司機Prokopi看出她的努力與無力感，同時也欣賞及體諒她，決定從旁協助。在這最後一團的工作裡，Georgia也試著敞開心胸，接納這些難以伺候的客人。她傾聽他們的故事，關懷他們的情

緒，漸漸的與團員成了好朋友，從他們身上學到很多。還有項意外的收穫是，展開了她與司機Prokopi的愛情。

旅遊結束時，旅行社老闆告訴Georgia，這一團客人認為她是最棒的導遊，大家都很喜歡她。此時，她也獲得某個大學的教職聘書。在找回工作熱忱之後，Georgia決定不回校園當老師，她想留下來繼續當導遊，且指定Prokopi當她的專屬司機。

《我的廢墟生活》中的「廢墟」原指希臘的名勝古蹟，也影射個人的心情。當Georgia改變想法之後，原本的生活型態並無改變，但心情已截然不同。

二、書籍

陳夢怡譯（2015）。Richard P. Brown、Patricia L. Gerbarg著。《呼吸的自癒力》。台北市：康健。

推薦理由：本書作者Brown和Gerbarg是一對醫學博士夫妻，長年開設呼吸練習工作坊及診所，實際從事心理治療工作。本書除了詳細說明各種呼吸法之運作外，中文譯本還附有楊定一導聆、楊元寧監製的中文教學影片──呼吸的自癒力。

楊定一在本書導讀中特別強調，呼吸練習不僅可減輕壓力、焦慮，恢復情緒平衡；還能使人變得柔軟、慈悲、有同情心，與人建立連結。楊定一的女兒楊元寧參加過多次呼吸練習工作坊的課程，並擔任助教，親身驗證呼吸對身心的驚人轉化效果。

Chapter 04 及早扭轉負面情緒

- 負面情緒的損失
- 負向情緒的逆轉

對的事——正確的起步

負面情緒一定不好嗎？

如果不好卻「揮之不去」，怎麼辦？

如果「置之不理」，就可以不受影響嗎？

如果刻意以正面情緒來取代，

「隱藏版」的負面情緒就不會被發現嗎？

如何「看待」自己的負面情緒？

是朋友或敵人？是接納或消滅？

當它拖住我們而且是往下拖時，

該放鬆抑或掙扎？

這種種的「左右為難」均有待正視，且找出正確的處理之道。

第一節　負面情緒的損失

情緒需要調節與控制，多半是由於不受控制的負面情緒。過多時可能引發生理及心理疾病、影響工作效率，對別人則會產生暴力傷害（語言、肢體、精神），破壞人際關係。不受控的情緒狀態例如：

1. **不斷想起過去的不愉快**：對過去的挫敗耿耿於懷，不能遺忘或放下；累積的情緒即形成矛盾與病態，把自己擠爆或壓垮。

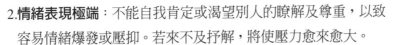

2.**情緒表現極端**：不能自我肯定或渴望別人的瞭解及尊重，以致容易情緒爆發或壓抑。若來不及抒解，將使壓力愈來愈大。

3.**情緒起伏太大**：性急的人沉不住氣，敏感的人容易為小事抓狂，均是情緒起伏較大，也就是「窮緊張」、「想不開」的類型。

身體會說話，情緒性的心理疾病或嚴重的情緒困擾有不少身體不舒服的反應。如：

1.**焦慮症**：手腳顫抖，頭痛、頸痛或腰痛，容易疲倦，頭昏眼花，呼吸不順暢，手指、腳趾發麻，胃痛、消化不良、常想上廁所，顏面發熱、泛紅，不易入睡等。

2.**憂鬱症**：失眠、食慾不佳、肚子不舒服、頭痛、頭暈、心悸、胸悶、疲勞、虛弱、便秘、體重減輕等。

3.**恐慌症**：頭暈、胸腔緊縮、呼吸困難、心跳加快、全身發抖、想吐、出冷汗等。有時須到醫院掛急診，以為自己得了心臟病或中風。

4.**壓力症候群**：手掌及腋下容易出汗，心悸、胸痛，眼睛容易疲勞，鼻塞，耳鳴，經常喉嚨痛，睡不好，手腳發冷，頭昏眼花、站立時發暈，覺得食物好像沉積在胃裡，肩膀僵硬疼痛、腰痠背痛，早上爬不起來，睡不安穩且常做夢、半夜驚醒後不易再入睡，常感冒卻不易治癒，突然覺得呼吸困難（有窒息感），口腔破裂潰爛，舌尖出現舌苔，無食慾，腹部脹痛、下痢、便秘，體重減輕，疲勞不易消除，稍微做事即感覺疲倦，不能集中精神等。

生理系統出問題時，若忽視真正的病因，疾病只會反覆復發。所以應「合理」懷疑，疾病是否因為壓力太大或情緒壓抑所造成。

身體出現警訊不是件壞事，而是提醒我們要及早「自救」。**藉著處理掉頭髮、皮膚病等問題，警惕自己該及早「改變」生活態度與方式。**

☺ 情緒引發的生理疾病

壓力太大或負面情緒太多，可能引發下列生理疾病：

一、循環系統方面

1. 高血壓：血壓上升是自主神經系統對抗壓力的生理反應。「大驚小怪」會使壓力變大，自欺的情緒壓抑或逃避現實，無助於壓力抒解。
2. 心臟病：絕望及沮喪感較高、性情急躁、抗壓力較差的人，較容易罹患心臟病。
3. 中風：緊張忙碌、生活步調快、工作壓力大，加上飲食無節制，會使血脂肪偏高、動脈硬化、血壓異常，稍一疏忽即可能引發腦中風。

二、肌肉骨骼系統方面

1. 頭痛：緊張性頭痛或心理性頭痛，是由緊張、焦慮、壓力、人際關係不協調所引起。先從頭頸的後面痛起，直至前額與太陽穴，屬於悸動性頭痛，嚴重時暈眩、耳鳴、視力模糊。
2. 風濕性關節炎：長期緊張壓力會破壞免疫系統，使關節連接處慢性發炎，產生持續性疼痛與僵硬。從手腳開始至身體各關節，嚴重時會干擾心、肺、脾及眼部功能。
3. 肌腱肋膜炎：工作及心理壓力過大，肌腱肋膜炎就容易報

到。包括頭痛、肩頸疼痛至背痛。嚴重時脖子轉一轉都痛苦不堪，夜裡會痛得醒過來，白天則坐立難安。

三、消化系統方面

1. 胃痛或十二指腸潰瘍：幾乎所有腸胃系統疾病都與情緒或壓力有關，輕則口乾舌燥、食慾不振、胃痛，嚴重則為消化性潰瘍（胃潰瘍、十二指腸潰瘍）、慢性腸炎。
2. 大腸激躁症：工作較重或壓力較大時會覺得腸胃不舒服，如：脹氣、打嗝、腹痛、腸絞痛、排氣。想排便卻排不乾淨，腹瀉或便秘交替出現。
3. 厭食或暴食：若以吃吃喝喝來抒解壓力，一段時間後因肥胖而產生罪惡感，於是不敢吃東西（其實並非真的肥胖），或因嫌惡自己的樣子而拒絕吃東西（潛意識的自我懲罰）。

四、其他

1. 呼吸系統：情緒激動時，個體必須增加含氧量以維持生理系統的活動。這種狀況太頻繁，就會持續壓迫呼吸系統，造成過度氧化現象，導致支氣管氣喘。
2. 免疫系統：壓力會影響免疫系統保護身體的功能，使癌細胞不正常增生。
3. 神經系統：如偏頭痛、緊張性頭痛、自律神經失調。
4. 皮膚系統：如神經性皮膚炎、發癢、圓形突（俗稱鬼剃頭）、多汗症、慢性蕁麻疹、濕疹。
5. 眼科：如眼睛疲勞、流眼油、視力模糊。
6. 牙科：如習慣性咬合肌抽搐、磨牙。
7. 小兒科：如心因性不語、夜驚、遺尿。

☺ 易招誤解的情緒障礙

「過動症」、「自閉症」、「亞斯伯格症」等，也屬於精神疾病的範圍，常被誤解為故意的情緒衝動。他們的情緒反應無法自我控制，於是容易與人起衝突（無意中冒犯別人），而且衝突愈演愈烈。美國精神醫學學會（American Psychiatric Association）出版《精神疾病診斷與統計手冊》第五版，變動了不少疾病的定義和分類，原本自成一類的亞斯伯格症候群（Asperger's Syndrome），被歸為自閉症的一種，泛稱自閉症系列障礙（Autistic Spectrum Disorder）。

自閉症患者缺少和他人分享快樂、興趣或成就的能力，缺少社會或情緒的交互性／互惠性。**亞斯伯格症患者有類似自閉症的社交互動，和有限、固定、重複的興趣和活動方面的障礙，但無顯著的語言或認知發展遲緩或障礙**。亞斯伯格症兒童性格孤僻，缺乏同理心，不善與人交往，較難控制自己的情緒。社交障礙主要表現在不能識別細微的社交線索，不易猜測別人的心思，以及笨拙的社交技能。他們渴望與人交往，卻又不懂如何交朋友。

新版的《精神疾病診斷與統計手冊》（第五版）當中，「注意力不足過動症」（Attention Deficit Hyperactivity Disorder, ADHD）的診斷也改寫；患者在十二歲之前，各式場合都出現明訂的症狀才可確診（舊版為七歲前）。**ADHD包括注意力不足及衝動或過動行為，患者多以兩種兼具的混合型為主**。徵兆如：粗心、無法持續保持專注、聽而不聞、無法遵照指示完成任務、規劃組織能力較差、逃避需要持續動腦的工作、易弄丟工具、易受外在影響而分心、忘東忘西等。

衝動及過動徵兆包括：坐時會玩弄手腳，易任意離開座位，在不恰當的場所亂竄，無法投入安靜的休閒活動，總是處在活動狀

態，話多，好搶答，喜歡插嘴或干擾他人，無法排隊、等待或輪流玩遊戲等。男生在青春期有較高比例伴有行為問題、憂鬱症及學習障礙，女生會有較多的焦慮症。

　　ADHD患者常認為發生在他們身上的事非一己所能控制，或乃由於「命運」使然。容易把別人的對待解釋為具有攻擊性和敵意，也因此對別人採取反擊。

第二節　負向情緒的逆轉

　　成功路上埋伏了許多「情緒心魔」，如：自卑、恐懼、徬徨等，極力阻擋與動搖我們成功的決心。就算自我激勵「勇敢再勇敢」，仍有一股自我懷疑與貶抑的強大破壞力存在。若正面力量不足，終將被負面情緒的巨浪吞沒。如五月天樂團所唱《勇敢》（作詞：阿信／作曲：怪獸）：

> 等一天黑暗過去、苦盡甘來，人生滋味才瞭解。
> 為著彼個將來，要自己勇敢再勇敢。

　　負面情緒雖然不受歡迎，使自己痛苦，別人也不愛看你愁眉苦臉或拉長臉的樣子。但負面情緒仍有存在的意義與價值，要勇敢面對、理性處理。只要努力過，雖不滿意但仍可學習與「不能改變的事實」和平共存。若逃避它、拒絕它、拖延它、不肯放下它，只會衍伸更大的問題。

　　負面情緒會消耗大量精力，使人無心或無法專注讀書、工作。受挫力不足、抗壓性不夠及焦慮感太重，均會影響自信心、削弱行動力。控制負面情緒、培養樂觀態度、增加抗壓力、放鬆緊張心情，這就是情緒管理。**為了保護自己、親友及其他無辜者，人人都**

有責任做好「情緒管理」,並幫助別人安撫情緒。

　　預防情緒失控的有效方式,是阻止負面情緒的累積。以自我超越、後設認知的方式,覺察自己出現或潛伏哪些負面情緒,以較輕鬆、幽默的方式幫自己「喊停」、「踩煞車」。**設定「停損點」,讓負面情緒自由「流動」(存在)一段時間,然後跟它說再見,不要糾纏不清、藕斷絲連。**須設立停損點的情況很多,包括工作不順利時,可自訂到某個期限前決定是否離職或調動單位。愛情或婚姻不順利時,在某個期限前要選擇是否分手或再一次的機會。人際關係不順利時,在停損點的期限前要決定停止交往或再次溝通。身體出狀況時,更要在期限前確定病情,以決定採保守治療或再動一次手術……。

　　扭轉負面情緒的最快方法是,尋找楷模來激勵自己,如老師或朋友、好文章及書籍、喜歡的音樂及電影等。「借力使力」——運用別人龐大的正能量,剛開始甚至可以模仿成功者的行為。讀大學時,我到在圖書館讀書,喜歡坐在專心投入者旁邊。他們很少趴下來睡覺,而且「表情豐富」,似乎完全融入書中。

　　激勵自己或他人的可行方式是,**將大目標拆解成容易達成的小目標,而且多讚美(強化)「行動」,而不是「結果」**(石田淳,2015:109):

> 面對大目標時,先設定許多「小目標」,並累積許多小小的成功體驗,除了可確實地培育出「持續力」之外,對於提升孩子的自信與自我肯定感也非常有效。

　　不少人缺乏自信,遇到困難就放棄,他們的共通點是較少「成功的體驗」。並不代表他們從未成功過,只是沒有機會好好認識「努力去做→因此成功→覺得非常高興」的心境轉變。要使「成功體驗」與「正面情緒」產生連結,就要製造成功的機會,另外的關

胡鈞怡／繪

鍵則是「努力去做」。

讚美與激勵可使自己與他人同時受惠，如密西根大學心理學系畢業的湯姆・雷斯（Tom Rath）與外祖父唐諾・克里夫頓博士（Donald O. Clifton）合著《你的桶子有多滿？》一書，提出了「水桶與杓子理論」：

> 每個人都有一個無形的水桶，水裡的水不斷增減，端視別人如何對待我們。水桶滿溢時我們會心情愉快，乾涸見底則令人沮喪。
>
> 每個人也都有一支無形的杓子，當我們加水到別人桶裡——以言行為別人增添正面情緒，也會讓自己的水位高些；反之，如

果你用杓子舀別人的水——亦即你的言行有損別人的正面情緒，自己桶子裡的水也會跟著減少。

水桶裡的每一滴水都讓人堅強、樂觀，空空的水桶則使人悲觀、頹喪。要多給別人讚美與肯定，以「加水」來抗衡「舀水」。否則很難去除人性弱點，終日活在嫉妒別人及自我可憐當中。

我寫「活力日記」或「正面日記」已五年了，2016年的日記命名為「原力覺醒」，取自2015年的電影《星際大戰：原力覺醒》（*Star Wars: The Force Awakens*）。Awaken（動詞）是喚醒、覺悟、發憤圖強的意思，唯有內在振奮，才能阻擋外來干擾與橫逆。**我每天記錄二十件好事，「給自己幸福」、「我給你幸福」各十件。**動力火車演唱的〈我給你幸福〉（作詞：姚若龍／作曲：Funck），可見不自私、愛別人的功效。

> 寧願像個神燈，你的夢都想去完成。
> 你是我的美好我的責任，真愛讓人無所不能。
> 我只要你在愛的沿路，感受一個晴朗的國度。
> 當你腳步停住，情緒都被照顧、不再起伏，我給你幸福。

「給自己幸福」的事情如：早起、排泄佳、睡得早、吃香蕉、多喝水、做好時間管理、學生或小組給我謝卡、快走流汗、看新書、練太極。「我給你幸福」的事情如：與家人共進早餐、誇獎某班的表現、誇獎某學生的表現、給某學生鼓勵卡片、提前改完某班作業、約某學生喝下午茶及談心事、轉介某學生接受諮商或心理治療、備課、買好吃的包子與朋友分享。

不僅心情好或覺得幸福，可以與人「分享」；心情不好或覺得自己不幸福，更要藉著「助人」而扭轉心情。報載（江慧珺，2015），美國耶魯大學一項研究指出，**助人可以使人減輕壓力、心**

情變好；助人次數愈多，情緒愈正面。反之，較少助人者心情較差，面對壓力時的情緒也較為負面。三軍總醫院精神醫學部主治醫師毛衛中說，若成功的幫助他人，對方致謝時會增加正向力量、減少負面情緒。台安醫院精神科主任許正典也說，助人就是正向思考，對方感謝的回饋，會刺激大腦分泌多巴胺，使前額葉驅動愉悅情緒，血清素濃度也會增加。

助人不一定要做大事，許多小事都能讓人產生正向情緒與增加心理能量。如：

- 拿起電話關懷許久不見的朋友，最好能約出來見面，更好是能固定聚會。
- 注意禮節，把「請」、「謝謝」、「對不起」掛嘴邊，別人也會對等回饋。
- 多對人微笑，多鼓勵及讚美別人，讓別人覺得他很好、很重要。
- 願意為人服務，不論家人、好友或承擔公眾事物。自私自利的快樂有限，「不求回報」（甚至沒有回報）才是真愛。

☺ 「心想事成」的達成

「心想事成」是必然的嗎？不盡然！因為每個人的內心方向已成「慣性」，不同的人即使做出相同決定，結果仍差異很大。積極進取者很快就能見到效果，例如：我教過的一位活潑優秀的台科大研究生，決定減重後，天天去學校游泳池報到，不到半年就減去二十公斤。可惜多數人的慣性是消極懶散，無法擺脫「舒適圈」，不能持續游泳或其他正確的事；三天減肥、兩天復胖的結果，讓自己更加沮喪與悲觀。

　　要「心想事成」，得先扭轉心的方向。心靈自助暢銷書《祕密》（*The Secret*），是澳大利亞電視製片人、作家朗達·拜恩（Rhonda Byrne）編寫。她集合許多信奉「吸引力法則」之成功人士的論述（謝明憲譯，2007），加上生花妙筆，散播出無敵的「正能量」。該書雄踞《紐約時報》暢銷書排行榜榜首達一百四十六個星期，全球售出一千五百萬本。書中聲稱：無論你想什麼，宇宙就會給你什麼，你能「吸引」到你所想的東西。

　　吸引力法則雖缺乏證據，但因「投資報酬率」高，多數人「寧可信其有」，拚命發揮想像力以完成夢想。若想來想去仍達不到目標（減重、賺錢、升遷、金榜題名），書中說：是因為你想得不夠、你腦中還有太多消極想法，或你沒有給宇宙足夠的時間實現願望。

　　心理學家鼓勵「積極思考」，因為它確能帶來快樂，但其實效果有限。**只有「想法」並不能解決現實問題，反而導致不努力。要實現願望，還是得提升各方面的能力、堅定做事的態度。「空想」**或「強迫式思考」，是不負責任及幼稚的行為。

　　「心想」與「事成」之間，有段很長的道路；包括：**多請教或觀摩別人怎麼做、接受嚴格的訓練、執行及修正計畫、面對及接受挫敗、堅持到底、絕不放棄。**若想功成名就，絕不能僅達門檻，還要面面俱到、物超所值。這些都需要花費許多心思、勞動許多肌肉、留下許多汗水及淚水。如蘇打綠樂團的歌曲〈十年一刻〉（作詞作曲：吳青峰）：

可能忙了又忙，可能傷了又傷，可能無數眼淚在夜晚嚐了又嚐。
可是換來成長，可是換來希望，如今我站在台上和你一起分享。
十年的功聚成燦爛，那一分鐘的夢。
生命舞台發光的人，絕不是只會說。

情緒與壓力管理練習

你要如何「集中」活力與創意？請參考上述「水桶與杓子理論」、「活力日記」等做法，除此之外，你還想到可以怎麼做？

相關學習資源

一、電影

法國電影《巴黎夜未眠》（導演：克勞德‧貝黎，2007）。

推薦理由：故事描述四個陷入低潮及困境的人，相互扶持而改變命運、不再悲觀。戲中的女主角卡蜜兒對畫畫極有天份，爲了堅持理想而淪落到當清潔工以維生；她終日鬱鬱寡歡，甚至罹患厭食症。

卡蜜兒住在簡陋的破閣樓裡，又冷又病；幸賴鄰居菲利普伸出援手，接來同住及照顧，否則後果不堪設想。菲利普也有自己的煩惱，他夢想成爲演員，卻因性格內向及口吃而不能如願。與菲利普同住的法蘭克是個帥氣廚師，每天工作時間很長，累得半死之外，還要照顧住院的外婆，未來也似乎一片黑暗。法蘭克的外婆寶麗特一手撫養法蘭克長大，彼此關係非常親密。因年老行動不便而摔倒住院，她強迫自己接受去住安養院的事實，但心中卻非常希望回家看看她的花園及飼養的小動物。

最後他們因互助而共渡難關，擺脫了各自的煩惱與憂鬱。菲利普成爲演員也找到靈魂伴侶，卡蜜兒說服了法蘭克將外婆從醫院接回家，由卡蜜兒辭職照顧她，最後寶麗特終能在家中安祥辭世。卡

蜜兒也擺脫對感情的不信任，勇敢説出對法蘭克的愛，兩人一起經營法蘭克的新餐廳。

二、書籍

黃孝如譯（2014）。Christopher Cortman、Harold Shinitzky著。《心靈療癒自助手冊》。台北市：遠見天下。

推薦理由：這是兩位非常有經驗的臨床心理學家及心理治療者，合著的一本針對情緒的自助式心理治療手冊。明確及詳盡地告訴我們有關情緒的十個真相，如：辨識情緒、改變想法及瞭解情緒、每種行為背後都有某種目的、破除心理障礙、行為需要認可、用心經營有限的情緒能量、維持人際關係端賴增強自我力量、設下自我界線以防禦他人的情緒傷害、讓他人做自己、學會放下。使每個人都可找到屬於自己的方法，使情緒管理的層次更加提升。

Chapter 05 找回情緒與壓力的主導權

- 情緒失控、壓力崩潰的悲劇
- 做情緒與壓力的主人

對的事——正確的起步

小時候，我們可以跟爸媽撒嬌：
「我不要起床、我不要上學、我不要去補習班，
我要買玩具、我要去迪士尼、這不是肯德基！」

長大後，卻不能不起床，不能不參加會考，
不能不交作業，不能不上班。
遇到討厭的人事物，也不能再「嘟嘴巴」，
不能想哭就哭、想笑就笑！
只能忍耐再忍耐，等待再等待。
把挫敗當老師，把責罵當磨練，
還要謝謝看輕你的人。
又擔心委曲不能求全，過於自我壓抑導致內傷、心理陰影，
以及蓄積大爆發的負能量。

如何真正控制情緒及壓力呢？
如何使它們有適當的出口，
不再損人而不利己，達到「雙贏」？

第一節　情緒失控、壓力崩潰的悲劇

在「情緒管理」課程，我常以情緒失控而導致自殺或殺人的新聞事件作為教材，是為了提醒學生：「這些不是虛擬的情節，是血

淋淋的真實事件，而且距離我們並不遠。」

　　大多數人都不相信自己會情緒失控而傷害別人，但沒有人能「預知」哪天遇到別人情緒失控而「隨機殺人」。我有個學生是游泳教練，鄭捷在捷運車廂內瘋狂殺人的那一天，她也在車上，幸賴平日訓練有素──跑得快，才逃過一劫。但心理留下的陰影，讓她好久不敢搭捷運。

☺ 為什麼會隨機殺人？

　　新北地院公告的鄭捷判決書摘要，揭露了鄭捷的部落格文章，如〈源頭〉，透露他殺人動機的起源：

> 只要有朋友被嗆，都會來找我主持公道，因為我揍女生揍得很兇，簡直不把她們當人看，踹的、搥的、打的、掃把伺候的……極盡兇殘而暴虐無道。
>
> 理所當然的成為班上男生的大哥，但是班上有兩個女的惹不起，她們其中一個因為我干擾她聽音樂課，害我被老師要求當眾鞠躬道歉。當時的我恨透這兩個賤貨，就因為純粹的憤怒，所以我發誓，以後長大要殺了她們。

　　另一篇〈台北夜殺〉描述在台北街頭手刃行人的場景：「身在車站人潮中，人山人海黃線後，雙足踹人月台落，捷運爆頭軌道成血泊。」〈仇〉一文中寫道：「夢境裡我曾殺妳千遍，用槍轟爆妳的嘴臉。」

　　在鄭捷情緒失控而犯下真正的殺人罪行之前，沒有人想到憤恨的殺傷力竟然這麼強。以為他書寫殺人場景的小說，即可以宣洩心中負面的情緒。沒料到他真的傷害別人，而且毫不考慮對象。

其實，隨機殺人的狀況並不少見。2007年，美國維吉尼亞理工大學韓裔學生趙承輝在大學宿舍內與女友爭吵，宿舍輔導老師前來勸架時，他竟掏槍射殺女友及輔導老師。又闖進學校工程大樓教室濫殺無辜，造成三十二名師生死亡。之後，他的父母也自殺謝罪（父親身亡）。

或許你周遭也有這種易怒或脾氣暴躁的人，因不懂抒發情緒，常以暴力方式如摔東西、罵人、打人來宣洩。由鄭捷的案例可知，不要「承受」過多負面情緒，否則遲早會崩潰。

實境與解析

2014年5月，台北捷運發生四死、二十多人受傷的殺人慘案。凶嫌鄭捷（1993年4月3日出生）經精神鑑定為：「具有不在乎社會規範及以自我為中心之反社會、自戀人格特質」。自我中心的人常有不成熟、標新立異舉動，對於他人的同理心較弱。反社會人格特質者從小就個性衝動，情緒不穩、易發脾氣，常對人暴力相向。

國中時的鄭捷，曾因導師嚴厲管教，產生刺殺老師的念頭，將美工刀放在口袋長達一個月。某同學與他發生衝突，鄭捷竟持安全剪刀戳傷該同學。某男同學表示，外界都以為鄭捷個性孤僻，但其實鄭捷人緣不錯，還當過班長。只是從國中到大學，每次與鄭捷聚會，他都會提到奇怪的殺人計畫。

偵訊時，鄭捷的情緒冷靜、表情冷漠，他坦承小學起就有殺人的想法，但並沒有相關的精神疾病就醫記錄。

 克服情緒的壞習慣

情緒宣洩過於強烈，會造成無可彌補、悔恨終身的憾事。包括以自殺來報復或抗議，伴隨「同歸於盡」的後果。報載（盧禮賓，2003），三十歲的徐姓男子與三十八歲的黃姓女友因溝通不良，在黃女開車回家時，徐男也開車緊跟在後。兩車在高速公路上追逐、碰撞，造成徐男車子翻覆、傷重不治，黃女也車毀人傷。

二十三歲的洪姓男子，因十九歲的姚姓女友有意分手，到女友租屋處談判。兩人發生爭執，洪男持刀砍傷女友，殺死同住的姊姊以及姊姊的兩個同學。姚姓姊妹受傷時傳簡訊求救，家人及朋友趕到時，洪男從九樓跳樓自盡（李曜丞等，2004）。

就讀大三的洪姓男生，不滿劉女提出分手，開車尾隨騎機車的劉女與情敵顏男。洪男從後面追撞，將兩人撞飛到快車道，洪男再迴轉逆向加速輾過掙扎坐起的劉女，致其死亡。他與劉女分手兩個月來，常到劉女租屋處叫囂、騷擾，甚至打電話恐嚇。撞車事件發生的前三日，喝醉酒到英文課的教室大吵大鬧（吳淑玲等，2008）。

看到上述情緒失控的瘋狂行徑，即可知**「情緒管理」在我國學校教育應屬「懸缺課程」──應有而未有，需要特別加強**。人生各階段都有或大或小的情緒問題，例如：兒童與青少年時期在意父母是否疼愛自己，害怕沒有朋友。青春期擔心自己沒有吸引力，憂慮愛情不來敲門。大學時期感受到生存的競爭與壓力，煩惱日後如何找工作。再來又要為薪水、升遷、買屋、養兒育女而操心，接著中年危機以及退休、面臨空巢的衝擊與角色斷裂。人生似乎充滿壓力與憂慮，很難稱心如意。

較大的情緒困擾如失去愛人的痛苦、憤怒或悔恨，生病或有經

濟問題時的忐忑、害怕或無助，心結一直無法化解的不快樂，過去的創傷與心理陰影等。**常讓人懷疑或害怕自己得了憂鬱症，卻又不敢面對或證實。**

誰都希望有好心情，能夠心平氣和、知足常樂。也知道「天無絕人之路」，不要「怨天尤人」的道理。但在關鍵時刻，儘管心中默念無數次「忍一時風平浪靜，退一步海闊天空」，要冷靜！但「知易行難」，還是很難做出正確的選擇。**因控制不住脾氣或衝動，而口出惡言、大動干戈。經歷一次較大的挫敗即陷入沮喪當中，無法擺脫。**

人性的弱點是得意時忍不住自我炫耀，忘了這樣有多麼令人討厭。悲傷時卻難以自拔，忘了自己還有許多幸福。自卑時顧影自憐，忘了自己有多麼獨特。憤怒時口不擇言，忘了這麼做「損人而不利己」。或是不敢拒絕、不能自我肯定，或是逃避責任與必須解決的問題。最糟的是陷入「天作孽猶可違，自作孽不可活」的可憐處境，為錯誤的行為付出龐大的代價（服刑、賠償，甚至無法彌補）。

☺ 情緒壓抑的壞處

情緒控制不等於情緒壓抑，尤其對於負面情緒；它們仍屬於我們的重要部分，只能檢討或消除發生的原因，抒解不舒服的感受，轉換注意力，以正面情緒來取代等，卻不能禁止、否認或強行壓制。因為壓抑久了，**會使自己麻痺，而不能察覺負面情緒，造成愈來愈緊張、害怕、自卑、消沉、生氣而不自覺，戕害身心健康。**

例如，不少女性婚後因長輩（自己的父母或公婆）中風或失智的問題，不論自願或不得不擔任照顧者，導致身心俱疲、夫妻感情失和，也影響到兒女的成長。有些女性不願放棄自己的工作，若夫

家堅持要她辭職回家照顧老人家,可能因情緒壓抑而極度不開心,或夫妻反目、感情決裂。若原本就有憂鬱傾向,不快樂的心情極易誘發憂鬱症。

正確的做法是冷靜地與丈夫溝通,提出更適合的解決方案,例如:暫時請外傭或由照護員協助長輩復健,自己繼續工作以支付費用,也不影響子女教養或其他生活計畫(例如準備懷孕生子)。即使丈夫感到不悅而引發「戰火」,女性仍要耐心、多次溝通。在現代性別平等觀念普及的情況下,男性應不再是大男人主義者,能與妻子合作,共同找出「長治久安」、「家和萬事興」的策略。

生氣時不要冷戰、嘔氣,或以為退讓、委屈求全可以解決所有問題。工作上也一樣,若搞不清楚主管、客戶為何生氣,又不知如何與他們溝通;甚至將與主管、客戶的衝突情形公布在臉書上,想得到安慰或討回公道。一旦主管、客戶知道,一定會影響上下關係及公司形象。

情緒壓抑還有一個壞處,就是不僅禁制了負面情緒,同時也降低了對正面情緒的感受。以致「人在福中不知福」,永遠不感到滿足或滿意。其實,**不管負面或正面情緒,感覺遲鈍都不是好事。**對別人會變得不能「察言觀色」、「感同身受」,無法建立親密關係。或者「面和心不和」、不敢說出真心話,造成不必要的人際隔閡,錯過解決人際衝突的時機。

第二節　做情緒與壓力的主人

要控管不合適的情緒,就要學著「面對」不想要卻必須接受的事情,例如某些課業、家事、工作。**進一步將「必須做卻不喜歡」的事,變成「必須做也喜歡」的事,這就是情緒管理的精髓。**

　　對於「人」也是一樣，不管別人喜不喜歡你或你喜不喜歡對方，相處時都要保持情緒穩定與和諧。可惜人們面對不喜歡的人，大都不肯讓步或修正自己，不能冷靜與理性溝通，弄得雞犬不寧、兩敗俱傷。要擁有良好的人際關係，就必須做好情緒管控，即使生氣也不隨便發脾氣、擺臉色。

　　對於親密的家人、情人尤其要注意，若不考慮對方的感受而隨意說話，不管事後如何彌補，都會留下人際裂痕。以夫妻來說，盛怒之下所說的氣話，會使對方更為反彈（最愛的人傷我最深），致使雙方漸行漸遠。以工作關係來說，口不擇言會造成彼此的心結，損及工作士氣與成效。不少人離職，不是因為能力不足，往往是「人際不和」。

　　若只「羨慕」別人有好的家世、頭腦、外表、運氣，「怨嘆」自己不是富二代、遺傳基因不好、懷才不遇，久之就會情緒失控。想要多點幸福、快樂，就得多點「付出」，如想要挺拔的身材就得勤運動，想要學有收穫就得多讀書，想要創業就得多嘗試、磨練，想要體會「幸福的晨光」就得早起。

☺「延遲滿足」

　　《先別急著吃棉花糖》（張國儀譯，2006）一書，介紹史丹佛大學一個代表性的實驗，實驗目的是預測一個人的未來能否成功，結果證明「延遲享樂」是重要的指標。史丹佛大學心理學者沃爾特・米歇爾募集了643名四歲的兒童，進行一場簡易而有趣的實驗。米歇爾告訴每位孩子，他得離開房間十五分鐘，如果回來時棉花糖還在桌上，就再給他們一塊棉花糖做為獎勵。結果，三分之二的兒童在十五分鐘內都吃掉了棉花糖。有些人只等了五秒鐘，有些人等一、兩分鐘，有人等了十三分鐘。沒有吃掉棉花糖的三分之一受試

者，他們延遲滿足的方法包括：看著棉花糖、把棉花糖往後推、只
舔一下。

　　十四年後，研究人員找到當年參與實驗的孩童，發現四歲時沒
吃棉花糖的孩子，長大後的表現的確較佳。能順利就讀大學，入學
測驗平均成績比吃了棉花糖的孩子高許多，與老師、同學、父母的
互動良好，適應力較強，較善於自我控制。所以，**成功與失敗不光
是努力的程度或夠不夠聰明，而在於擁有「延遲享樂」的本事。這
部分非常需要「自律」，要能控制且激勵自己達成目標。**

　　你可以試試「先苦後樂」，能讓人感覺加倍快樂，前提是你
要忍住不被眼前的享受所誘惑。大多數人自欺欺人地說：「明天開

胡鈞怡／繪

始如何如何……」（如減重、運動、早起、寫作業），很難放棄眼前、立即的「快樂」（如美食、躺沙發、賴床、玩電腦遊戲）。所以體會不到苦盡甘來的滋味，只有一次又一次的後悔。

☺ 喚起合適的情緒

控制情緒不僅在減少或緩和負面的情緒，更在喚起合適的情緒、增加正面的情緒。也就是不僅要自我管理、自我負責，例如：不賴床、不遲到、不蹺課或蹺班，維持良好的學習或工作狀態。還能自得其樂、自求多福，不需依賴外在強烈的刺激，或要別人討你歡喜。能不受負面情境影響，持續表現正面情緒。例如工作上難免受到上司、同事、客戶的指責（或冤枉），不會因此就負氣怠職、辭職，能較快恢復情緒穩定，繼續把工作做好（甚至做得更好）。

工作上必須學習「抗壓」或壓力因應（stress coping）、壓力管理（stress management），包括：增加正面情緒，預防或解決造成壓力的問題，關鍵時刻不患得患失而出錯等。**「抗壓」並非對抗或消滅壓力，而是與壓力和平共存**。抗壓性強的人，在心理、身體、社會三方面都比較健康，能面對複雜的職場與環境變化。從前某些行業被認為較穩定、較少變化，如公務人員、教師；如今在民選首長及家長參與更多學校事務之後，也成為高效率及富挑戰性的工作。所以任何行業都不能因循往例做事，而需適應現狀、加緊腳步及繼續學習。

☺ 恢復情緒的主控權

Siegel醫生（邵虞譯，1994）專門研究「特殊病人」──得到重大疾病而能治癒的人，他發現情緒、免疫力及癌症之間有密切的關

聯。快樂的人（對生活感到滿意）通常不會生病，與相同年齡者比較，重病或死亡比率只有不快樂組（對生活感到徹底不滿意）的十分之一。**沮喪、絕望對免疫系統的影響非常快，會使殘餘、原本在控制下的癌細胞，再度大量增生。**

Siegel醫生認為，恢復情緒的主控權，不僅在控制消極情緒，假裝不再消沉；更要停止批判，從「尋找錯誤」改為「尋找愛」：

> 如果我們能停止批判，就能夠自由的好好生活、歡笑、愛。當我們付出正面、欣喜、無條件的愛……便能達到我們的目標（頁145）。

> 從尋找錯誤的人變成尋找愛的人，也就是在自己以及別人的身上尋找愛（頁150）。

若能及時調整、及早醒悟，一定可以治療疾病。但多數人「不見棺材不掉淚」，不到最後一刻不肯輕易改變。**不少人一輩子好批判、挑剔，永遠自居「受害者」，很難感受到歡笑與愛。**千萬不要等死神叩門，才驚覺自己的錯誤啊！健康的時候，就要努力成為「尋找愛、會微笑」的人。

情緒考驗無所不在，當別人表現比我們好，如何能真心欽佩而不嫉妒或自卑？當別人得罪了我們，如何能諒解、忍耐而不憤怒或埋怨？爆發人際衝突時，如何能讓步或認錯以顧全大局？人性有許多弱點會造成「心理不平衡」，**情緒管理就是教導人們面對自己的負面情緒，「決定」是否表達及「找出」較佳的表達方式，以恢復心理平衡、避免損人不利己。**

情緒管理不僅在減少負面情緒、減緩情緒衝動、正確表達情緒，更在增加同理心及社交能力，使自己及對方的身心更健康。高EQ的人在職場上成功的機率更高，因為他能瞭解與支持別人的情

緒，不會因為「自我中心」及「自我封閉」而庸人自擾。**能不受別人負面情緒的影響，並反過來將自己的正面情緒感染給對方。**

總之，不要失去自主權，由別人來決定你的下一步；一定要懂得愛自己，才有能量去愛別人。如葉蒨文演唱的〈瀟灑走一回〉（作詞：陳樂融、王蕙玲／作曲：陳大力、陳秀男）：

> 天地悠悠，過客匆匆，潮起又潮落。
> 恩恩怨怨，生死白頭，幾人能看透。
> 我拿青春賭明天，你用真情換此生。
> 歲月不知人間多少的憂傷，何不瀟灑走一回？

情緒與壓力管理練習

以一個較令你困擾的負面情緒來練習，如何設定「停損點」？讓負面情緒自由「流動」（存在）一段時間，然後再跟它說再見。如何真正「停止」某項負面情緒？如：「討厭」某個愛表現的人，「嫉妒」某個找到更好工作的人，「生氣」某個對你不公平的人，「悲哀」自己懷才不遇或時運不濟。如何讓這些負面情緒不再糾纏你，與它畫清界線？

相關學習資源

一、電影

俄羅斯電影《尋找幸福的起點》（導演：安德烈克拉夫庫克所，2004）。

推薦理由：獲柏林影展兒童電影水晶熊獎特別表揚，德國兒福盟選為最佳影片。六歲的凡亞松賽夫住在孤兒院，他即將被一對義大利夫婦收養，其他院童很羨慕他。有一天，一位婦人到孤兒院要帶回她的孩子，但她的小孩早就被外國人領養走了。院長無情地痛斥並趕走這婦人，只有凡亞好心地跟她聊天，然而當晚婦人竟選擇臥軌自殺身亡。這件事讓凡亞驚覺，如果有一天自己的親生媽媽也來找他，他卻不在這裡了，那該怎麼辦？於是他決定在自己被領養前先逃走，親自去尋找母親。

為了看懂自己的出生和遷徙證明，凡亞努力認字並打工攢錢搭火車。他逃跑後沿途被人欺負，還要擔心仲介孤兒的人口販子追捕，可謂吃盡苦頭。然而他一心一意只想到朝思暮想的媽媽面前，告訴她：我是你的小寶貝——凡亞松賽夫！這部電影碰觸了俄羅斯的經濟、社會問題（單親女性無力撫養小孩、孤兒院裡面黑幕重重），但最單純的孺慕之情及愛的渴望，才是這部電影緊揪著觀眾的原因。

二、書籍

蔡祐吉（2015）。《求職力——破除新鮮人面試的50道陰影》。台北市：時報。

推薦理由：許多人對求職很敏感甚至過度反應，卻沒在解決問題上多花費心力，使焦慮及恐懼愈甚。例如許多人擔心找不到理想的工作或賺不到足夠的錢，卻未踏實的充實自己在工作上應有的條

件。以最具體的謀職面試來說，許多人仍籠統及模糊的準備，無法集中心力、表現所長，以致面試失敗。本書非常精準的告訴你五十條正確的面試之道，含實質與心理準備，而且是提前在大學階段即開始準備。

本書值得反覆多看幾遍，以破除自己的盲點。如：人際關係不能看上不看下、工讀機會是企業最佳入門磚、面試從踏進公司那一刻就開始了、面試大哉問：「你的缺點是什麼？」等。

Chapter

06 發脾氣、憤怒的處理

- 壞脾氣的危險

- 如何控制壞脾氣？

對的事——正確的起步

當你挑選男／女朋友時，

如果他／她長得很帥／美，但脾氣（性情）不好，

你會如何取捨？

如果他／她出自名校，但脾氣（性情）不好，你會如何取捨？

如果他／她薪水很高，但脾氣（性情）不好，你會如何取捨？

不管他／她擁有多少好條件，若脾氣（性情）不好，

你會再考慮嗎？

脾氣（性情）不好，真有這麼大的影響嗎？

會破壞未來的幸福嗎？

依此類推，如果你要推薦某個人（報考研究所或應徵工作），

如果他／她各方面都不錯，就是容易發脾氣，

會影響你的決定嗎？

脾氣與才幹之間要如何衡量？

情願他／她有才幹，即使是壞脾氣嗎？

第一節 壞脾氣的危險

爲什麼要發脾氣或生氣？有人想藉此彰顯自己、爭取權益。但這樣做有效嗎？如果跟老闆發脾氣，彼此撕破臉、沒有下台階，能爭取到權益或是被開除（或自己辭職）？不少人只管眼前，因爲「嚥不下這口氣」而衝動行事，卻不考慮是否值得。

五成的用路人是「路怒族」

在馬路上開車，你會因另一輛車的駕駛行爲（惡意逼車、隨意變換車道、超車）而生氣嗎？你會加快車速追上他、跟他「理論」嗎（或直接大打出手）？台北市立聯合醫院松德院區精神科醫師劉宗憲公布「2014年台灣路怒大調查」，結果發現，約五成用路人是潛在「路怒族」，再嚴重些即成「路怒症」（Road Rage）——開車上「路」就會暴怒，塞車就破口大罵、狂按喇叭，遇到車開得比他慢就罵「不會開車」，比他快就說「趕去投胎」。

「路怒症」的成因不單因爲塞車，更多來自心理壓力。在快節奏的生活中，一點小摩擦就讓他情緒爆發。開車時情緒失控，很可能釀成無法挽回的悲劇。所以平時應多從事休閒活動，讓自己放鬆。開車時可聽節奏慢的音樂，放一張全家福照片提醒自己，或放個小枕頭、絨毛玩偶，需要時可以揍它一拳。

「路怒症」的情緒爆發類似於「遷怒」，令你憤怒的對象可能是你不敢反抗或無法再反抗的人，例如主管給你太大的業績壓力，或年代久遠以前有人曾欺負你。爲了讓憤怒得到宣洩，就找不相干的人當「出口」。例如捷運隨機殺人的鄭捷，他的憤怒對象可追溯

到小學時代告狀的女同學，國中造成鄭捷心理受傷的國中老師，或其他……。

😊 找到憤怒的源頭

愛發脾氣的人，自以為是「據理力爭」。不能「理直氣和」的結果是，別人只記得你的「壞脾氣」，卻忘了你堅持的「道理」，甚至覺得你「有理講不清」。有才華的人，常難免一身傲骨；因此無法妥協、讓步與體諒別人，「橫衝直撞」的結果常兩敗俱傷。

化解憤怒要找到「源頭」，可能是其他情緒所引發或隱藏，例如：小時候怕父母處罰、出事時沒有得到關心與協助、遭到背叛、霸凌與歧視等。因為不能或不知如何表達害怕、寂寞、傷心等情緒，於是以憤怒或怨恨的面貌呈現出來。

黃小琥演唱〈沒那麼簡單〉：「相愛沒有那麼容易，每個人有他的脾氣。」**愛耍脾氣或亂發脾氣造成的傷害，不是幾句道歉或事後懊悔就可挽回**，例如下列這則恐怖情人的新聞。

實境與解析

2014年9月，一個颱風過境、風雨未歇的清晨，街頭正上演一場腥風血雨的悲劇。二十九歲的台大畢業生張彥文，朝前女友（二十二歲）砍殺至少四十七刀，其中六刀為致命傷。

兩人之前發生爭執時，張彥文曾打女友巴掌，還強行性交，性侵後以手機拍攝女友裸照。張彥文與女友吵架時，會以「殺全家」為威脅，讓女友心生害怕。女友希望結束男女朋友關係，張彥文卻侵入她

的住宅，恐嚇若要取回裸照須再一次性行為。

　　張因女友要求分手，且已在她身上花了不少錢。加上懷疑她與別人交往，要求復合又一再遭拒，這些都讓他愈來愈生氣。於是決定學習鄭捷，到超市買刀，預備行凶。

　　張彥文庭訊時表示，他高中時就罹患「暴怒症」，無法控制情緒。他非常後悔殺死前女友，表示「願接受最嚴厲的制裁，餘生為錯誤行為負責，對不起死者、死者家屬與自己父母。」

　　台北地院一審判處張彥文無期徒刑，褫奪公權終身。合議庭認定沒必要處以極刑，主要是認為張彥文智力偏高，過去生活在家庭暴力陰影下，以父權態度與林女相處，因生存意義所在的親密關係被破壞，才出現自責、憤怒。如果可以控制殺人的因子，仍有教化的可能。也就是說，**張彥文的暴怒表現，有些是他無法控制的，如童年的受虐、受暴經驗（包含目睹）**，導致他受到某些刺激後會暴怒。法庭認為，張彥文受到家庭暴力及父權兩部分的負面影響，可透過教育來改善或調整。後來台灣高等法院以張和被害家屬和解（張的父母答應賠償林女父母1,261萬元）、未來再犯性低，改判二十一年六個月有期徒刑（本案仍可上訴）。

　　「暴怒症」全名「間歇暴怒障礙症」（intermittent explosive disorder），精神科醫師陳豐偉指出（2015），過去精神醫學界把「間歇暴怒症」視為罕見精神疾病；但近十年累積的研究認為，「間歇暴怒障礙症」的盛行率並不低。**暴怒是指當事人遇到威脅、危險或挫折時，突然爆發的強烈衝動行為**；對自己、他人或財物有肢體或口語暴力，強烈的程度遠超過合理的範圍。會造成自己或他人莫名的身體受傷，嚴重破壞人際關係、妨礙彼此的互動。

依《精神疾病診斷與統計手冊》第五版（簡稱DSM-5），「間歇暴怒障礙症」的標準為（頁220-221）：

A.反覆出現下列任一行為爆發的表徵，顯示無法控制的攻擊衝動：

1.在三個月中，平均每週有二次的言語攻擊（例如：發脾氣、長篇攻擊的話語、語言爭執或衝突）或對擁有物、動物或他人的肢體攻擊。此肢體攻擊並未造成擁有物受損或破壞，也未造成動物或他人的身體傷害。

2.十二個月中有三次的行為爆發，造成擁有物受損或破壞，及／或造成動物或他人的身體傷害。

B.此反覆爆發的攻擊性強度，整體上與刺激事件或促發的社會心理壓力強度不成比例。

「間歇暴怒障礙症」有強烈的體質因素，也跟童年的受虐待、受暴經驗有關。人際衝突的壓力是暴怒的常見原因，如：被輕視、受譏諷、遭責罵等。除了應學習「情緒與壓力管理」外，有時也需靠藥物控制。如果沒有接受治療，通常會持續超過十年或變成一輩子的問題。

與「間歇暴怒障礙症」接近的是《精神疾病診斷與統計手冊》第五版所列的「對立反抗症」（Oppositional Defiant Disorder）（頁219），徵兆包括：

生氣／易怒情緒、好爭辯／反抗行為或具有報復心的行為模式至少持續六個月，呈現下列症狀至少四項，且至少在與一位非手足者互動中顯見。

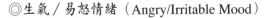

◎生氣／易怒情緒（Angry/Irritable Mood）

1.經常發脾氣。

2.經常是難以取悅的或易受激怒的。

3.經常是生氣的與憤慨的。

◎好爭辯／反抗行為（Argumentative/Defiant Behavior）

4.經常與權威者爭辯，或於兒童及青少年則是與成人爭辯。

5.經常違抗或拒絕服從權威者的要求或遵守規則。

6.經常故意去惹惱別人。

7.經常將自己的過錯與不當怪罪於他人。

◎有報復心的（Vindictiveness）

8.過去六個月中至少有二次懷恨或報復的行為。

　　另外，在DSM-5新增的「侵擾性情緒失調障礙」（Disruptive Mood Dysregulation Disorder, DMDD），是由兒童情緒障礙轉移而來。例如三軍總醫院精神科醫師葉啓斌有一名「侵擾性情緒失調障礙」病患是高三女生，因感情因素而在教室翻桌、衝撞教室的門；同學想關心她，也惹來一陣怒罵。她無法控制自己易怒的情緒，曾因情緒失控而割腕，過去這種行為通常被診斷為躁鬱症。

　　葉啓斌對台北市七百名高一新生調查發現（黃文彥，2012），約10%學生符合「侵擾性情緒失調」的特徵。病患大腦「情緒中樞」的杏仁核喪失察言觀色的能力，因此無法察覺對方是否生氣，容易導致人際衝突。葉啓斌說，**最近新聞中的校園霸凌、情殺等社會事件，都可能是「侵擾性情緒失調」所造成。**

　　侵擾性情緒失調容易發生於七到十四歲的青少年身上，後天因素是造成此疾病的危險因子。在物質滿足環境下長大、沒有受過挫折的孩子，是高危險群。這類青少年的問題若不妥善治療，長大後

罹患憂鬱症的機率也非常高。葉啓斌建議，此症目前以心理治療為
主，大腦神經可透過訓練加強連結，讓患者學習控制情緒。但人助
也要自助，**青少年應少打電玩多運動，運動可培養耐心，有助大腦
分泌神經滋養因子，可修復腦細胞、降低易怒情緒。**

😊 憤怒的轉化

怨恨、憤怒的積累，會造成「冤冤相報何時了」的悲劇循環。
有時還會轉化為其他更難梳理的情緒，如嫉妒、厭惡、內疚、羞
愧、自卑、懊惱、後悔等，若掉以輕心，也會釀成災難。

以「嫉妒」來說，前奏曲或隱藏版是「羨慕」，看到別人有好
條件或好表現，暗自期待自己也有類似結果。期望落空後，羨慕就
會變質為嫉妒，使人的心理及說話都「酸溜溜」，若不能及時「放
下」或「替換」，不僅「毒害」別人，自己也會「中毒」。會不由
自主「詛咒」對方有壞的命運，如：變窮、變醜、失敗、離婚等。
覺察到自己有壞念頭時，又感到不安及罪惡。嫉妒之毒使人變得好
批判及潑冷水，生活重心也變成討厭別人而非發展個人獨特性，嚴
重影響自信心及人際關係。

嫉妒別人是因衡量幸福的標準出了問題，忘了自己也有別人沒
有的長處。「人比人氣死人」、「比上不足，比下有餘」，條件或
處境比我們好的人很多，若都要「追趕」或暗自生氣、自卑，痛苦
將「沒完沒了」。但比我們差的人也不少，我們應知足、惜福。控
制不了這種有毒情緒，輕則與人相處不睦，嚴重則會「遷怒」無辜
者，結果使人「悔不當初」。

實境與解析

　　2013年，發生一件震驚社會的殺嬰案。本以為是奶粉問題，導致三個月大的女嬰死亡；結果竟是女嬰的親伯母鄒女所為。她五度在姪女「緗緗」的奶粉中摻鹽，前三次只摻一個手掌（約三十公克），造成女嬰發高燒送醫，住院治療才痊癒。但女嬰返家後，鄒女卻持續加鹽，導致緗緗因高血鈉症、多重器官衰竭而死。

　　鄒女在緗緗母親陳女嫁入後，被迫遷出到附近租屋，因而心生怨恨，展開一連串報復行動。陳女懷孕時，鄒女在床上釘鐵釘，想害她流產或產下畸形兒。鄒女是長媳，家事全落在她身上，加上公公婆婆偏袒剛出生的姪女緗緗，她愈想愈不甘心。又受不了緗緗的母親多次責罵自己的小孩，家中陸續發生孩子衣服被剪破、布偶遭人丟棄等不明事件。鄒女懷疑是陳女所為，心中的不滿及猜疑日增。

　　合議庭考量鄒女不用理性的方式化解妯娌心結，竟報復在毫無抵抗能力的新生嬰兒身上，故判她二十年徒刑。

　　鄒女會這麼做，從精神醫學的角度解釋並不難，接近「對立反抗症」。在嫉妒、憤怒、怨恨等情緒未達心理疾病或犯罪前，應如何「踩剎車」，以較好的方式解決？以鄒女來說，她的問題如下：

1. 當陳女嫁入後，她被迫遷出婆家，花錢到附近租屋。
2. 她是長媳，家事全落在她的身上，加上公公婆婆偏袒剛出生的姪女緗緗。
3. 緗緗的母親陳女多次責罵她的小孩，且家中陸續發生孩子衣服被剪破、布偶遭人丟棄等不明事件。

　　這些問題鄒女若能及早與丈夫「傾訴」與「討論」，向公婆、妯娌「詢問」與「商量」，可能不會累積那麼多有毒情緒，以致釀成不可收拾的悲劇。對於這一家人來說，大家都有錯，未來還有漫長的修復或原諒道路要走。

第二節　如何控制壞脾氣？

　　脾氣是什麼意思？依《辭海》解釋：「好惡之偏者為脾氣，忿懥不正者為發脾氣。」「忿懥」指憤怒，「發脾氣」就是：「因事情不如意而生氣發怒。」（《教育部重編國語辭典》）

對脾氣的自覺及自制

　　一定要發脾氣嗎？有修為的人，能體會「控制脾氣」的價值。如：

證嚴法師說：「心地再好，嘴巴、脾氣不好，仍不算好人。」
德雷莎修女說：「人最大的缺點——壞脾氣。」
泰國傳奇人物白龍王（因助人消災解厄而聲名遠播）說：「要決定前途好不好、事事好不好，最重要的是要有好脾氣。讀書讀得高就好，脾氣高就不好。」
《聖經》說：「快快的聽、慢慢的說、慢慢的發怒。」（雅各書）、「不輕易發怒的大有聰明，性情暴躁的大顯愚妄。」（箴言）、「暴怒的人挑起爭端，忍怒的人止息紛爭。」（箴言）。

　　情緒是天生的，坦承自己有怒氣，但不能因此變成愛生氣、經常與人爭執。因為知道和諧的重要，所以能採納別人的看法（包括

胡鈞怡 / 繪

不客氣的批評），化解人際衝突。

　　控制壞脾氣，需要意識到自己的脾氣，才能「自律」。脾氣只要「緩一緩」，就比較不會攻擊他人。若你擁有更高層次的目標，也不會動輒生氣或攻擊別人。如香港首富李嘉誠說（王祥瑞，2011：97、99）：

> 每一個成功的企業家，都具有控制情緒的能力，一般人不能忍受的譏諷、挫折、怨恨等，成功的企業家卻可以忍受下來。

> 面對不客氣的客人，依舊客客氣氣，繼續保持最有禮貌的態度，獲得他們的信任，甚至滿足了顧客發洩情緒的需要。

　　當我們受到威脅、攻擊而傷心、生氣時，雖然很難冷靜下來，但若欠缺思考，往往說出尖銳、刻薄的話，傷到對方的自尊。若出手傷人或展開其他報復，只會製造更大的人際裂痕。所以，林肯說：「三緘其口，讓人以為是個傻瓜，勝過快人快語，教人一眼看穿。」

　　生氣時如何快速冷靜？《Cheers快樂工作人雜誌》於2012年專訪創新工場董事長李開復，他說：

　　需要依靠自覺和自制。自覺的人理解喜怒哀樂的宣洩會造成何種結果；自制可以提醒自己不要落入惡劣態度的陷阱。

　　針對你特別想逃避的人（通常是老闆、老媽、老師），可以試試在他們說話時，努力表現出感興趣的樣子。看著他們的眼睛、面帶微笑，不時點頭表示贊同，必要時做筆記或請他再說一次、多講一些。也許從前你會愈聽愈生氣，這次試試「多聽少說」，特別是避免生氣，看看結果會否不同？

☺ 生對氣、真消氣

　　生氣的樣子不會令人喜歡，如下列成語：橫眉怒目、怒火中燒、怒髮沖冠、怒氣沖天、怒目而視。還可能會影響身心健康、人際關係，出現犯罪行為，如：「怒從心頭起，惡向膽邊生」。

　　如果常因小錯而挨罵（動輒得咎），或常處在冷嘲熱諷當中，**潛意識中留下不愉快的記憶或感覺，無形中就影響個人的想法、態度與行為**。曾有孩子受不了父母爭執及父親毆打母親的壓力，不由自主地拔自己的頭髮，精神診斷是一種衝動控制疾患——拔毛癖。其實，他的痛覺與常人無異，這麼做是想從拔頭髮的痛苦，轉移對原先痛苦的注意。拔頭髮時，確實會有滿足感及解脫感。其他如咬

指甲、燒割皮膚等自殘行為，也有類似的「效果」。這種**注意力的轉移，在自己身上是自殘，在別人身上就是遷怒**。

憤怒的「溫和版」是不敢生氣、不敢爆發、害怕與人衝突，轉化成更複雜的情緒，如不滿、憎惡、埋怨、對抗，甚至怨恨。這樣做表面相安無事，實際上卻破壞了真實的情緒與人際關係。最常見的是婆媳之間，有人比喻「婆媳如天敵」，因為媳婦常被「要求」孝順婆婆，所謂的「順」就是服從，不能有自己的意見。壓抑過久，當然不能心悅誠服，只造成假象的和平。

福田健的著作《日本溝通大師教你生氣的技術》，當中說「生氣也是一種溝通方式」（林雯譯，2015：64），冷靜地發脾氣，要注意下列幾件事（頁65）：

1.判斷要用生氣還是不生氣的方式來解決問題。
2.若要生氣，弄清楚對眼前的人應採取何種生氣方式。

福田健發現「現實生活中，生氣尚未成為穩定、普遍的溝通方式；而生氣沒有達成效果，是因為只顧著自己發火而忽略傾聽。」（頁71）但對某些人不適合怒氣相對，如：無論怎麼說都不改變、愈說他愈固執、不知會說出什麼話的人（頁88）。所以，正確表達生氣的方法是（詳參頁131-152）：

1.先表示接納、肯定對方。
2.想辦法使對方容易理解自己的憤怒。
3.看著對方的眼睛說話。
4.發脾氣前試著將憤怒書寫下來，這樣可以有更好的表達，不會情緒爆發。
5.再怎麼生氣仍不能說傷人的話，如批評對方在意的弱點（身材、學歷）、重視的人、自豪的事。

面對生氣的人，「聆聽」是非常重要的，此時要注意（頁196）：

1.看著對方的眼睛，以眼神表示理解與回應，也表示「我想聽」。
2.態度平和，才不會使對方更焦躁，且較可能平息對方的怒氣。
3.點頭附和，表示仔細聽及有共鳴。

這些技巧在職場上更為實用，我們經常必須「面對」生氣的主管或客戶。若不能以正確方式接收他們的憤怒，雙方怒氣會愈來愈高張，溝通也愈來愈失焦。傾聽的技巧能讓生氣的人充分表達情緒，怒氣漸漸平息後，才能真正解決問題。而且對方對你的印象會較好，之後的關係也可能更好。

 情緒與壓力管理練習

　　找一個你現在對他感到生氣的人（不論是明顯或隱藏的生氣），寫一封信給他（當然不會真的寄出去）。藉此思考如果「面對面」，到底要怎麼說？也許以前你沒有做過這個練習，所以與他說話時，沒辦法達到原先希望的效果。沒料到對方有哪些表現，以致影響自己原先要說的話。

　　「氣話」也要準備，因為「氣話」通常沒「好話」。但傷人的話一旦脫口而出，後果將難以收拾。

相關學習資源

一、電影

日本電影《令人討厭的松子的一生》（導演：中島哲也，2006）。

推薦理由：從小，松子就有個生病的妹妹需要特別照顧，所以松子想得到父母的關愛非常困難。她雖然奮發用功而當上老師，但後來卻被開除。松子的人生愈來愈悽慘，離家出走、落入風塵、殺人坐牢、當黑道小弟的女人、成為妓女……。尤其在愛情方面，她總是全心全意的付出，卻一次次的被傷害。最後連她想要回家，都遭到拒絕。窮途潦倒的松子徹底失去對人的信任，在公寓中隨意棄置垃圾，在夜晚大聲喊叫，其他住戶都以「令人討厭的松子」稱呼她。最後她也死得不明不白，被公園數名流浪漢與不良少年攻擊，結束五十三年的人生。

松子終其一生都在追求愛，藉由別人對她的愛，來確認自我的價值。所以她配合男人改變自己，以為這樣就能留住男人。明知道會走向毀滅，卻仍義無反顧。松子的生命價值也讓你我思考，「對我而言，幸福到底是什麼？」

二、書籍

台灣精神醫學會譯（2014）。American Psychiatric Association 著。《精神疾病診斷與統計手冊》（五版）（*Diagnostic and Statistical Manual of Mental Disorders,* DSM-5）。新北市：合記。

推薦理由：這本書是精神疾病的診斷準則，透過它可瞭解及分辨精神疾病的類別與程度（輕、中、重）。不僅是精神科醫師必備，諮商心理師、臨床心理師、心理輔導員、社工師、學校輔導老師也適用。對輔導志工及一般導師來說，亦有相當的參考價值。因為心理輔導是網絡的概念，應採取「三級預防模式」，也就是共同

合作的團隊工作。

第一級預防：以健康促進活動與相關政策，減少生病之危險因子，與增加免於生病之保護因子，也就是「預防勝於治療」的概念。

第二級預防：早期篩選、診斷及早期介入，也就是「早期發現，早期治療」。

第三級預防：提供有效的治療與復健，以避免疾病惡化，並及早恢復功能，且不再發病。

以學校來說，第一、二級預防都可在校內實施，第三級預防則要交由校外的精神科醫師、心理師、社工師等處理。

Chapter 07 別讓憂鬱毀了你

- 憂愁的建設性與破壞性
- 躁鬱之心

對的事——正確的起步

「處變不驚，莊敬自強」，不僅是舊時代的口號，
在今天的新世紀裡，也可能是救命仙丹。
設法保持情緒穩定，再糟的狀況還是得面對。
人的潛能就是留待這種時刻，「不鳴則已，一鳴驚人」。

只會哭或一直哭，一點用處也沒有，
不如做些什麼試試，心情可能不同。
就算需要別人幫忙，也得自己先努力過，
不可能什麼事都依賴或等待別人伸出援手。

最終、最重要的，還是要由自己拿定主意，
人生最終仍須自我負責。

第一節　憂愁的建設性與破壞性

　　我七歲時，父親因案入獄，年輕的母親頓失經濟及精神的依靠，留下二到八歲的四個孩子離家出走。父親出獄後，除了失業、失去健康，也失去完整的家。四張嗷嗷待哺的小嘴，提醒著他：「不能停留或陷溺在傷痛中，還有許多重要的事要做。」父親努力打零工、當基層公務員，養大我們。但錢總不夠用，他教導我們「人窮志不短」、「自立自強」。不僅自己的花費得自己賺，更要「有難同當」——不能只顧自己，有能力的人要多賺些錢幫助家人。

最後我們都擁有足以謀生的學歷與能力,手足關係也非常緊密。

年輕人常因人生歷練不足而憂愁,其實不過是被誇大的小事。年紀漸長,反而不再多提煩憂,因為能體會眼前的幸福多麼珍貴(不論多麼微少),而非理所當然。如南宋詞人辛棄疾所寫〈醜奴兒〉:

> 少年不識愁滋味,愛上層樓,愛上層樓,為賦新詞強說愁。
> 而今識盡愁滋味,欲說還休,欲說還休,卻道天涼好個秋。

憂愁的「量」能控管嗎?只有小小的憂傷,不要影響正常生活嗎?憂愁能像一陣風「說來就來,說走就走」嗎?如果真是這樣,就不會有人鎮日帶著憂愁,如《紅樓夢》裡多愁善感的林黛玉,因賈寶玉娶了薛寶釵而心碎身亡。

近年來,由於金融海嘯而造成經濟衰退,許多人擔心失業。若不能未雨綢繆,以實際辦法因應,如:加強專業(在職進修),培養第二、三專長,成為「多職人」——同時從事幾份工作,終將難逃失業的厄運。已經失業了,若還**放不下面子、身段,有苦說不出、強顏歡笑,不敢或不願意求助。除了壓力不得抒解外,戴著假面具「自欺欺人」的結果,心情更加沉重。**

☺ 憂傷的悲劇

若不能脫離憂傷的心境,最糟的狀況會如何?別人的憂傷與我有什麼關係?2015年3月24日,「德國之翼」編號4U9525班機失事。原因是正駕駛去廁所時,副駕駛盧比茲鎖上了駕駛艙,然後設定急速下降,以時速800公里在5000英尺(約1500公尺)的高空,撞上阿爾卑斯山區,機上150人全部罹難。

　　副機師盧比茲爲何蓄意墜機？德國報紙報導，2009年，他曾被診斷「嚴重憂鬱發作」。這次失事，可能是受到與女友分手事件的刺激。福斯新聞醫學小組的艾布洛（Keith Ablow）醫生說，這種人通常在早期生活的重要時刻（例如童年）曾被拋棄，以致後來對被拋棄的感受特別深刻。

　　陷入憂鬱的人，可能處於生死決定的邊緣，只要一個負面打擊，就足以使他認爲沒有希望。憂鬱症非常嚴重時，不只感覺失去與人的親密聯繫，而且覺得全世界都缺乏愛。生命完全沒有價值，不只是自己的生命，所有人都一樣。所以，盧比茲不僅自己想死，也想帶走其他人的生命。由此可知，**幫助憂鬱者也是幫助自己；提升他們的生命價值，也能提升我們的生存機會。**

　　重度憂傷的人想結束生命，常見是與子女一起自殺。報載（吳淑君、羅建旺，2010），三十四歲許姓男子因長期失業而燒炭自殺，獲救出院才兩天，又想帶兩個讀小二、小四的兒子跳樓。妻子苦勸不聽，也怕另外兩個女兒遭殃，所以報警。許男與警方僵持一小時後，才願意放開兒子，卻仍在兒子面前跳樓自殺。

　　類似的新聞不少，2014年2月，苗栗縣三十三歲盧姓女子在凌晨時分，用膠帶將門窗貼上，帶著一對就讀國三及國一的兒女燒炭自殺，三人均身亡。盧女離婚後，帶著兩名子女到高雄居住。兒子要升國一時，她帶他們回到苗栗和前夫同住。前夫工作不穩又愛賭，雙方常起爭執。遺書上有女兒的筆跡，不排除是子女同意和母親一起自殺。

　　親近或認識的人自殺，所引起的情緒反應，主要爲「創傷後壓力症」（詳參楊淑智譯，2001：79-102），也就是會反覆想起創傷事件。其他的情緒，如憤怒、怨恨、無助、羞恥、焦慮、沮喪、恐慌、害怕等，也很強烈。父母的自殺未遂，會使孩子擔心父母也會殺死他（包括做惡夢），小孩甚至產生因爲自己不好，才導致父母

自殺的罪惡感。日後會責怪活著的父母害死自殺的一方，或埋怨當時為何未拯救對方。更糟的是，父母自殺還可能帶動子女自殺。也就是**多年後，孩子非但沒有走出創傷，還會複製父母的自殺行為。**

「創傷後壓力症」所經歷的創傷事件除了死亡，還包括重傷及性暴力。不僅是關係當事人（自己、家人）受到影響，周遭目睹的人（小孩、朋友、救護人員、警消人員）也會受到痛苦回憶的困擾，導致易怒、不快樂、容易受驚嚇、不專注、睡眠困擾、自殘行為等。

重大的人際問題與創傷，可能產生自殺衝動，例如，失戀者無法擺脫被遺棄或背叛的失落感與不甘心，遂以自殺來解脫或報復。某些身居要職的名人，因不能示弱而累積過多負面情緒，也是自殺的高危險群。2008年7月，國內三大證券商之一——寶來證券總裁白文正，因寶來投信疑似掏空遭送法辦，加上他在交通大學的榮譽博士學位，取得之正當性遭受質疑；使他隻身飛往澎湖，跳海自殺以結束生命。

實境與解析

2014年5月16日，中天電視台新聞主播史哲維，在住處輕生，得年僅四十六歲。史哲維擁有高學歷、長相帥氣，深受觀眾喜愛。平日看來開朗、樂觀，疑因自我要求高、壓力大，遂以塑膠提袋套頭，自殺身亡。

史哲維曾任職TVBS新聞台十一年，1998年，擔任華盛頓特派員，曾隨白宮記者搭美國空軍一號專機，近身採訪美國總統柯林頓（Bill Clinton）。他與妻子結婚十七年，未生育子女，妻子在旺旺中

時媒體集團擔任公關處經理。她告訴警方,先生因工作壓力大,特別請假三天在家休息。妻子透露,史哲維有憂鬱症,會定期到醫院就診並服藥。近日他的情緒不佳,鬱鬱寡歡,甚少言笑。

☺ 憂慮的建設性

「生於憂患,死於安樂」、「人無遠慮,必有近憂」,憂慮不全是壞事,善加利用,建設性也很強。「卡耐基訓練」創辦人戴爾・卡耐基,在《別讓憂慮謀殺你自己》一書,提供一個擺脫煩惱的神奇公式(2015:37):

1.自問:「所可能發生的最糟情形是什麼?」
2.做好接受最糟情況的心理準備。
3.接下來冷靜謀劃策略以改善現況。

戴爾・卡耐基認為,依照下列四個步驟,九成的煩惱都可消除(2015:56):

1.詳細記錄煩惱的事。
2.再記錄自己所能採取的對策。
3.決定該怎麼做。
4.立刻實行你的決定。

每個人都會面臨或大或小的煩惱,能依上述公式及步驟,順利解決煩惱,實在非常明智。否則罹患憂鬱症,即難「理性」列出解決問題對策。遇事容易猶豫不決,問題拖延很久也無法處理,耽誤自己寶貴的黃金歲月。

情緒與壓力管理練習

運用戴爾·卡耐基提供的「擺脫煩惱的神奇公式」，以及四個步驟，拿你目前一件煩心的事情來練習。寫下「可能發生的最糟情形」，以及「改善現況所能採取的對策」。在「解決問題的對策」方面，先別管方法有沒有用，以創造性思考的方式，找到最多解決方法，之後再來評估各個方法的效果及可行性。

第二節　躁鬱之心

《張氏心理學辭典》（1989：185）將「depression」譯為抑鬱症、憂鬱、沮喪，意指：

> 屬於憂愁、悲傷、頹喪、消沉等多種不愉快情緒綜合而成的心理狀態。抑鬱幾乎成為所有精神疾病的共同特徵……輕性抑鬱多數人都有此經驗，諸如悲觀、沉悶、生活乏情趣、無精打采……抑鬱情況嚴重時，患者行為異於常人；不僅在心理上陷入悲傷、絕望、自責以及思想錯亂的地步，而且在生理上也出現食慾不振、頭痛、心悸、兩眼無神、嘴角下陷等徵狀。
>
> 抑鬱按形成的原因分為兩類：(1)反應性抑鬱（reactive depression）：係由外在情境劇變（如家庭變故或親人死亡等）；(2)內因性抑鬱（endogenous depression）：係因個體對痛苦經驗壓抑的後果。

多愁善感或經常憂傷，就等於憂鬱症嗎？如果擔心，可參考董氏基金會製作「台灣人憂鬱症量表」來自我檢視。若還是不安，即應尋求專業協助，「確診」是否為憂鬱症。若真是憂鬱症，就不應錯失治療良機，以免日後復發及加重病情。若一味擔心憂鬱症被別人發現，心理壓力會愈來愈大。

 情緒與壓力管理練習

台灣人憂鬱症量表（根據最近一星期內身體與情緒的感覺，勾選最符合的一項！）

項目	沒有或極少	有時候（1～2天）	時常（3～4天）	常常或總是
1.我常常覺得想哭				
2.我覺得心情不好				
3.我覺得比以前容易發脾氣				
4.我睡不好				
5.我覺得不想吃東西				
6.我覺得胸口悶悶的（心肝頭或胸坎綁綁）				
7.我覺得不輕鬆、不舒服（不爽快）				
8.我覺得身體疲勞虛弱、無力				
9.我覺得很煩				
10.我覺得記憶力不好				
11.我覺得做事時無法專心				
12.我覺得想事情或做事時，比平常要緩慢				
13.我覺得比以前較沒信心				
14.我覺得比較會往壞處想				
15.我覺得想不開、甚至想死				

16.我覺得對什麼事都失去興趣-				
17.我覺得身體不舒服（頭痛、頭暈、心悸）				
18.我覺得自己很沒用				

資料來源：董氏基金會心理衛生組

計分方式：「沒有或極少（一天以下）」為0分、「有時候（1～2天）」為1分、「時常（3～4天）」為2分、「常常或總是」（5～7天）為3分。

總分代表意義：

8分之下表示目前的情緒狀態很穩定，懂得適時調整情緒及抒解壓力。

9～14分表示最近情緒有些起伏不定，可能有些事情在困擾著你。注意情緒的變化，試著瞭解心情變化的緣由，做適時的處理。

15～18分表示有許多事壓在心上，肩上總覺得很沉重。因為壓力負荷量已到臨界點了！趕快找個有相同經驗的朋友聊聊，給心情找個出口，把肩上的重擔放下！

19～28分表示現在的你必定感到相當不順心，無法展露笑容，一肚子苦惱及煩悶，連朋友也不知道如何幫你，趕緊找專業機構或醫療單位協助。

29分以上時表示你的心已經「感冒」，要趕緊到醫院找專業及可信賴的醫生診療！因應憂鬱症呈現出的不同病症，精神科醫師也會開立精神科藥物處方，一般來說，患者服藥三至六個月，就會有很好的療效。

☺ 憂鬱症的治療

抑鬱狀況持續或惡化，情緒反應會更加複雜與強烈。除了悲傷、沮喪、消沉，還會有痛苦、憤怒、輕蔑、恐懼、羞愧、厭惡、敵意等情緒，強度超過個人所能控制。為何會從輕度憂鬱加深，而變成憂鬱症呢？

青少年可能因升學壓力或父母期望，以及被霸凌、背叛等，累積太多負面情緒而成為憂鬱症。成年人則因工作太多或野心太大，

不知如何放鬆心情、減壓,而罹患憂鬱症。罹患憂鬱症的人,不見得都是社會背景較差或經濟有困難的人,也可能是高級知識分子、專業人士,甚至是心理醫生。

《暗潮下:當心理醫生得了憂鬱症》一書作者Manning,本身是位心理醫生。她處理不完原本已極為繁重的工作,又一直計畫新的工作。因為透支精力,以致憂鬱症發作。在逃避「本份」方面,她常拖延事情,卻又幻想工作會自動完成或消失。她說(吳傑民譯,1996:3):

> 我的辦公桌堆積了太多東西,它們根本吸引不了我的注意力。其中有一堆標著「待辦」的文件靜靜的等著,在那裡待得太久,都開始褪色了。桌上還有四罐喝了一半的健怡可樂……旁邊是一個有缺口的咖啡杯,裡面有幾根吃了一半的糖果棒,那是我和罪惡感掙扎後的結果。另外還有逾期兩個月的電話費帳單……
>
> 每天傍晚我離開辦公室時,總會有一種神奇的想法,希望在一夜之間,這一團混亂能自動恢復秩序。

憂鬱症是一種涉及身體、情緒和思想的疾病,影響飲食、睡眠、對自己的感覺,以及看待事情的方式。**它不同於暫時的情緒低落,也不是個人軟弱的標誌,或可透過希望和意志克服的狀況。**若不治療,症狀可持續數週、數月或是數年。輕鬱症雖較不嚴重,仍使人逃避現實、躲開人群,無法正常發揮功能。

依DSM-5的標準,鬱症(**Major Depressive Disorder**)是五種以上症狀在兩週內同時出現(頁94-95),至少包括以下症狀之一:(1)憂鬱心情;(2)失去興趣或愉悅感。

1.幾乎整天且每天心情憂鬱。

2.幾乎整天且每天明顯對所有活動降低興趣或愉悅感。

3.體重明顯減輕或增加（一個月內體重變化超過5%）。

4.幾乎每天都失眠或嗜眠。

5.幾乎每天精神動作激動或遲緩。

6.幾乎每天疲倦或無精打采。

7.幾乎每天自我感到「無價值感」，或者有過度或不恰當的罪惡感。

8.幾乎每天思考能力或專注力降低，或是猶豫不決。

9.反覆想到死亡，反覆有自殺意念而無具體計畫，或有自殺舉動，或是有具體的自殺計畫。

　　自尊低、悲觀看待自己和世界，或容易被壓力擊倒的人，較可能罹患憂鬱症。重大損失、人際關係不良、經濟問題或生活模式的任何緊張變化，也可能引起憂鬱症。遺傳、心理和環境因素共同導致憂鬱症發作，重鬱症常與大腦結構或功能變化有關。**男性較不願承認自己患有憂鬱症，常以酒精、藥物或長時間工作來遮掩。男性憂鬱症的典型表現，不僅是絕望和無助，而且會變得急躁、憤怒和沮喪。更值得注意的是，男性患者的自殺率是女性的四倍。**所以職場上應邀請專業人員或職場心理健康組織一起幫助男性，使其理解並接受憂鬱症需要治療的事實。

　　憂鬱症治療期間，患者自己要注意的是：

1.針對憂鬱症設立實際的目標，並承擔適量的責任。

2.將大型任務劃分成一些小任務，做能力所及的事。不要過快承擔太多責任，以免增加失敗感。

3.嘗試與他人傾訴，也可求助張老師、生命線等諮詢專線。因為有些話或許不願意對家人、朋友說，可向這些管道傾訴，讓情緒的壓力鍋慢慢得到宣洩。

4.參加一些可使自己感覺更好的活動，如：輕度運動、看場電影、球賽，或是宗教、社交活動。

5.相信情緒會逐漸改善，但不是立刻，不要心急。

6.在換工作、結婚或離婚等重大決定之前，最好和瞭解你而且較客觀的人協商。

　　如果你的朋友或同事罹患了憂鬱症，你可以幫忙的是，檢查他是否服藥，預約看診或陪伴他去看醫生。鼓勵他在症狀減輕之前保持治療，若症狀沒有改善則尋求不同的治療。邀請他一起散步、郊遊、看電影，以及從事其他會產生正面情緒的活動。當他要做重大決定前，成為聆聽者與顧問。

☺ 改變生活節奏與重心

　　五月天樂團演唱〈傷心的人別聽慢歌〉（作詞作曲：阿信），提到一般人悲傷時，容易沉入愈來愈深的傷痛中無法自拔，如：

你哭的太累了，你傷的太深了，你愛的太傻了，你哭的就像是末日要來了。
所以你聽慢歌，很慢很慢的歌，聽得心如刀割，是不是應該換一種節奏了。

　　「是不是應該換一種節奏了」，這就是有智慧的做法，不要一直聽慢歌，而且要改變想法，如歌中所唱：

不要再問誰是對的，誰是錯的，誰是誰非，誰又虧欠誰了。
反正錯了，反正輸了，反正自己陪自己快樂。

　　不管別人能為你做什麼，至少要「自己陪自己快樂」：

我不管站著坐著躺著趴著都要快樂，讓音樂動次動次動次動次
快要聾了。

不管了，不想了，不等了，不要不快樂，傷心的人別聽慢歌。

生活模式要如何改變？《心靈療癒自助手冊》當中提到一個例
子（黃孝如譯，2014：75），吉姆是個中階主管，經常抱怨得不到
上司的賞識。又一次升遷受挫後，他心情很差，但突然聽到小女兒
房中傳來一聲巨響，原來女兒被傾倒的書架壓到了。聽到女兒破涕
為笑後，吉姆鬆了一大口氣。他感到豁然開朗，**因為女兒的安全與
幸福，比起自己的升遷重要多了。**他不再為不能升遷而感到難過，
並且向太太道歉，自己最近的壞脾氣影響到家庭氣氛。

情緒與壓力管理練習

聽什麼歌能讓你改變心情，可使你從悲傷、悲觀，轉為開
朗、樂觀？請找出三首歌與周遭的人分享，詢問他們聽什麼歌來
提振心情。

😊 當家人罹患憂鬱症

有些憂鬱症患者害怕與人接觸，對家人卻非常依賴；不敢獨
自在家，總要有人陪伴。剛開始家人會安慰、同情他，但耐性用盡
後，只好任其「自生自滅」。**也有患者剛好相反，**在他們的字典中
沒有「家人」、「知己」的存在。**對家人相當疏離，甚至選擇離家
出走（或很少與家人連絡）。**無法離家時，就對家人產生怨恨。

　　如果確診為憂鬱症，高品質的陪伴有助於患者儘快走回人生正軌。憂鬱症沒辦法速成，不是吃藥就會好，重要的還是家人、朋友的長期陪伴，提供情感支援，包括理解、耐心、愛心和鼓勵。

　　盡量讓憂鬱症患者攝取足夠營養，維持生理的正常機能。睡眠品質也很重要，熱敷臉部、播放輕音樂，都可舒緩憂鬱症患者緊繃的神經，讓他安心入眠。也可鼓勵他走出戶外，做一些快走、打太極、瑜伽等刺激性較低的運動。

　　從事園藝工作，也可讓患者在種植花草的過程中，觀察生命慢慢成長茁壯，領悟生命的意義與價值。**不要指責患者裝病或懶惰，不要期待他「立即擺脫」憂鬱症。不要忽略患者有關自殺的言論，**

胡鈞怡／繪

並向患者的醫生報告。

父母罹患了憂鬱症，對未成年子女的影響頗大。不僅失去父母的愛與照顧，還可能產生心理創傷及陰影（包括父母自殺行為）。振興醫院身心內科主治醫師袁瑋說（2014），**父母憂鬱卻沒有治療，對孩子的影響是一輩子的。包括使孩子過於早熟，成為父母情緒上的照顧者，日後可能變得過度犧牲、不敢表達自己想法。**而且父母憂鬱時較難發掘孩子的優點，或激勵孩子在學校有更多表現；對孩子較易有負面評價，教導孩子較不易堅持一致性的原則。母親若罹患產後憂鬱症，不僅無力照顧初生嬰兒，還可能因情緒失控而傷害嬰兒。這些都是孩子健全成長的不利因素與阻礙，所以父母罹患憂鬱症時，一定要正視並接受治療。

父母罹患憂鬱症時，照顧年幼孩子應把握下列原則：

1. 當壓力較大時，不要獨自硬撐，可請親友幫忙接送孩子上下學。可買便當，不用每餐都自己做。
2. 即使覺得自己的憂鬱症是配偶造成，也不要在孩子面前批評對方，以免造成孩子的錯亂或為難。
3. 孩子大一些時，試著讓孩子瞭解自己有時不耐煩或大吼大叫，不是孩子不夠好或不討人喜歡，而是因為自己生病了。
4. 盡量讓孩子與朋友一起出去玩，因為除了當乖小孩或照顧父母及弟妹、做家事外，也應讓他們擁有快樂的童年時光。

☺ 幫助有自殺意念／行動的人

當你所愛的人得了憂鬱症，你會震驚憂鬱症的破壞力，不捨他所受的折磨，但同時也要關注自己受到的負面影響。我有個研究生，因弟弟自殺身亡，暴瘦了十公斤。突然變胖或變瘦，超過原來

體重的百分之五，就是憂鬱症的病徵之一。我這位學生為了幫助自己及家人走出傷痛，勇敢的以「自殺」為研究主題，希望找到問題解決的多種方法。

我還有個非常優秀的博士班女研究生，因過不了情關，而在校內跳樓身亡。她的消瘦、失眠、強顏歡笑、欲言又止，都是求救的訊號或憂鬱症的徵兆，可惜周遭的人未能及時協助其接受治療。她雖然努力想儘快好起來、讓大家放心，但光憑意志力並不容易成功。掙扎與衝突多年之後，還是選擇自殺以求解脫！

董氏基金會建議：身旁憂鬱症患者有自殺意念時，除了一般的陪伴、傾聽，還要注意以下幾點（莎啣那拉憂鬱手冊，頁25-26）：

1.尋求援助，通知他人：勿自行處理或冒險賠上自己的健康或安全，找尋專業人員的協助。
2.關心同理：先排除自己的主觀價值及道德觀，想自殺的人多有情緒低潮及行為退縮的徵兆，對他多些關心、同理及安慰他的感受，不要批評。
3.勿守密：當守密會影響個人生命安全時，守密性就被置於第二線。
4.再保證，提供對他的盼望：提醒他，有人可以幫助他，事情一定會變好。

雖然你很想幫助企圖自殺的親友，除了不給想自殺的人太大壓力外，也不要給自己太大壓力。親友的生命並不全由你控制，盡你所能即可。**需要協助他就醫時，不必把責任都往自己身上攬，要找其他親友一起參與（或請求當地衛生所幫忙）。**

世界衛生組織（WHO）曾以「疾病所帶來的全球損失」為議題，向全世界發出警訊：西元2020年，**憂鬱症將僅次於缺血性心臟病，在全球最主要疾病中排名第二**。行政院衛生署於2005年12月9

日，成立自殺防治中心（各縣市也設有自殺防治中心）。董氏基金會、張老師基金會、台北市生命線協會、馬偕協談中心——馬偕平安線、牧愛生命協會、台灣憂鬱症防治協會等，也都設有自殺防治的求助管道。**我們要讓企圖自殺的親友知道，有那麼多人願意幫助他，鼓勵他找到適合自己的求助管道。**

在學校，除了輔導室（大學為心理諮商單位）外，教育部依災害防救法規定，於2001年成立校園安全暨災害防救通報處理中心（簡稱校安中心，二十四小時有人員值勤）。若發現老師或學生有自殺之虞，須主管教育行政機關及時知悉或立即協處之事件，均可以或應該通報。

😊 躁鬱症的治療

與憂鬱症接近且易於混淆的是躁鬱症，此症的特點是週期性的情緒變化，嚴重的高潮（躁狂）和低潮（憂鬱）交替。情緒的轉變驚人且迅速，多數時候是漸進的。處於憂鬱週期，患者表現出憂鬱症症狀；處於躁狂週期，患者會過於活躍、多話、精力旺盛。躁狂通常影響思考、判斷，以及導致嚴重問題和尷尬的社會行為，如：不明智的商業決策和瘋狂計畫。

躁鬱症的正式名稱為「雙極型情感障礙症性精神病」，患者在不同期別表現在思考、情緒和活動量，都有明顯的波動。從躁期到鬱期，情緒由高轉為低，想法由多轉為遲鈍，行動也由不斷往外跑到自我封閉。躁症發作時通常情緒高昂，不一定是愉悅感，也可能是生氣或煩躁。有許多飛躍式的思想，有時也有危險性的行為（如開快車）。似乎擁有無窮精力，睡眠需求減少。不僅說個不停，還把活動排滿，遠超過個人精力所能負荷。買了一堆事後不知如何處理的東西，遠超過個人財力，造成個人及家人的負債。有激動的言

論，甚至常常干擾別人。

在鬱期，什麼事都不想做，吃喝梳洗都覺得多餘。變得「不想」或「不敢」與人接觸，影響學業或工作。哪個工作可以完全不與人接觸？因此找不到「合適」的工作。自覺與人相處困難，乾脆獨自躲在角落。不上課或不工作也會造成心理壓力，使自己一面怕面對老師或同事，一面又想有正常的生活。

躁鬱症通常有睡眠障礙——失眠或不睡覺，睡眠不足後若硬撐著上學或工作，會更加辛苦！其他還包括不想吃喝、不注重個人衛生、不想運動、徹夜狂歡、拚命抽菸或喝酒、暴食等，皆不利於身體健康。

躁鬱症可能先由鬱症開始，憂鬱症狀患者約半數可能發展為躁鬱症，其憂鬱表現稱為非典型鬱症，以年輕女性為多；先有吃得多、睡得多的症狀，之後才有躁症的發作。躁鬱症也可能合併其他異常行為，包括過動症、酒精或藥物濫用、強迫症、恐慌症、暴食症等，在診斷上有時被忽略。即使患者感覺好轉，仍需持續用藥四到九個月，以防復發。躁鬱症或慢性憂鬱症患者可能需要終生用藥，切勿自行停藥。嚴重的躁症或鬱症都必須立即住院治療，如覺得睡眠品質變差，有躁期或鬱期症狀出現時，必須趕快回診就醫，以降低復發及再次住院的機率。

重度躁鬱症患者常有死亡念頭或自殺計畫，尤其發生在鬱期剛結束、較有精神起床梳洗用餐，心情看來較為開朗的時候。臨床心理師韓德彥說（2002）：

> 自我傷害者百分之九十以上有精神疾病，其中約有百分之七十是憂鬱症。嚴重發病時，這些人可能會缺乏現實感，無法像正常人一樣理性思考……這時所做出的決定，可能導致日後難以彌補的結果，例如……自我了斷等。

　　親友面對患者很難「棄之不顧」，起初會竭盡心力「督促」他正常上學、工作。若患者嚴重失眠或嗜睡，以致「根本」無法正常作息，家人也「莫可奈何」，「心有餘而力不足」之下只好放棄。就算他能上學或工作，患者也會因情緒問題（暴躁易怒、生悶氣、好惡分明、忍耐不住等）而易與人衝突，因而更加不愉快。病患家屬要參加相關的支持團體或成長課程，如：財團法人董氏基金會、台灣憂鬱症防治協會、中華民國肯愛社會協會、台北市心生活協會等所舉辦。增加專業知能與心理能量，以免自己也成為病患。

相關學習資源

一、電影

　　韓國影片《撲通撲通我的人生》（導演：李在容，2014）。

　　推薦理由：阿凜不幸罹患了罕見疾病「早衰症」（早年衰老症候群，通常活不過十七歲），十六歲的他卻有著八十歲的外貌與身體。生命對他來說非常短暫，他無法跟同齡孩子一樣到學校上學，更別奢求談一場戀愛。身體上的痛苦以及死亡將至的威脅，讓他對人生有了遠超過十六歲的體悟。

　　影片以第一人稱阿凜的角度來訴說這個故事，他的父母在十七歲讀高中時相戀，因為懷孕而決定結婚，成了年輕的父母。為了籌錢給阿凜治病，他們吃足苦頭；曾經擁有的夢想都得放棄（媽媽美羅——宋慧喬飾演——原想當歌星），屬於年輕人的快樂，也都沒體會過。更要擔心阿凜的身體，一家人經常在醫院中度過。阿凜的文筆很好，他決定把父母的愛情故事寫下來，希望能幫父母找回因為他而失去的青春歲月，做為送給他們的禮物。

　　這部看來非常悲傷的電影，其實並不沉重。一家人互相扶持的深情，深深溫暖了彼此以及看電影的觀眾的心。使大家更懂得珍惜

看來輕而易舉、並不重要的小事。能夠如一個普通的十六歲少年一樣的生活，對阿凜而言，就是不可能做到的大事。

二、書籍

杜子倩譯（2013）。Sartorius, M.著。《懂了憂鬱，於是你真的快樂了——多愁善感的小小練習》。台北市：大是文化。

推薦理由：悲傷會衍生出憂鬱、沮喪、寂寞、自憐等情緒，憂鬱融合了害怕、煩惱、憤怒、屈辱與罪惡感等多種情緒。由此可見，我們必須瞭解及處理憂鬱情緒，因為這也同時處理了許多基本及複雜的情緒。對於任何情緒共同的做法都是抒解，憂鬱也一樣，要經常讓它出來透透氣，讓自己可以「多愁善感」一些。雖然這麼做不那麼快樂，但多次抒解之後，日後不但較能接受及鼓勵小小的哀愁，而且能體會更多的快樂。

Chapter 08 安撫焦慮與失落的心靈

- 「安定」的魅力
- 「安心」專案

對的事──正確的起步

「情緒管理」不是要你一直保持快樂、鬥志高昂；
而是希望你情緒穩定、心平氣和。
因為生命充滿變化，需要處變不驚、境隨心轉。

但，多數人覺得「計畫趕不上變化」，
於是選擇「隨遇而安」（其實是消極、停滯），
或過度樂觀，認為「船到橋頭自然直」。

機會是給有準備的人，因為變化是必然的，
所以要預作準備，才有能力冷靜應變。
冒進或沒有把握，出錯機率很高，也浪費時間、心力。
「十拿九穩」是練出來的，不要心存僥倖！

第一節 「安定」的魅力

王力宏演唱的〈Forever Love〉（作詞：王力宏、十方、何啓宏、于景雯／作曲：王力宏）其中指出，理想情人不是因為外貌，而是他的眼神、笑容、說話的語氣，都具有安撫情緒的魔力。

感到你的呼吸在我耳邊像微風神奇，溫柔的安撫我的不安定。
所以我要每天研究你的笑容，Oh！多麼自然！

😊 不安定的來源

「不安定」是什麼？為什麼需要「安撫」？

「情緒不安」包含憂愁、煩惱、恐懼、焦慮、徬徨、失落等，生活中造成不安的來源很多，如：擔心朋友排擠、覺得數學好難（或自認為得了數學恐懼症）、升學及競爭壓力、害怕父母爭吵或離婚。也會為了臉上的青春痘、不聽話的亂髮或瘦不下來的身材，而焦慮、煩惱。長大後則時時掛心找不到好工作、賺不到足夠的錢。戀愛時又擔憂遇到恐怖情人，或煩惱到底要不要結婚？

焦慮的累積或膨脹，會影響日常生活的步調及自我效能，如：考試焦慮、人際焦慮、外貌焦慮、經濟壓力等，可能導致考試失常、人際關係不良、自信心不足。使原本的實力表現不出來，也就是「長他人志氣，滅自己威風」。

😊 心情不安的因應

有些人容易緊張焦慮，遇到一點點挫折或困難，就彷彿世界末日。束手無策而放棄努力，或以逃避、上癮行為轉移注意。逃避行為如大睡一覺、蹺課、不寫作業、不上班等，躲一天算一天，甚至「幻想」「問題自然消失」。上癮行為如大吃一頓、逛街血拚、跳舞、渴望愛情，更糟糕的是喝酒、吸毒、通宵玩樂等錯誤行為。

以「大睡一覺」來說，若睡醒後精神飽滿，然後勇敢完成自己的責任，就不算逃避。若以睡覺來避免面對問題，覺得很想睡、怎麼都睡不飽，就是潛意識地欺騙自己：**「只要不醒來，就不用面對與處理那些複雜的問題。」**例如，我的父親因心肌梗塞而「路

倒」，住進醫院加護病房時（長達四十多天），我住在家屬休息室
裡（人很多，每個病患家屬僅能分到上下鋪之一），卻能睡得很好
（甚至更好）。應該是潛意識啟動了「保護」機制，讓我不要過度
焦慮吧！但若上課或上班總是無精打采、眼皮撐不住，排除沒睡飽
這個因素，應該也是潛意識地「逃避」上課或上班吧！

　　焦慮或壓力不單是心理反應，還會表現出強迫行為。如報載
（陳維鈞、蔡容喬，2016），四十三歲張姓女補教老師疑因結婚
多年沒有懷孕而感到壓力很大，經常偷東西抒壓，已有六次竊盜前
科。每回被逮都十分懊悔，又無法克制再偷的慾望。最近一次則是
背著LV包到賣場，偷了二十多件民生用品。耕心療癒診所院長林
耕新指出，偷竊癖成因不明，當患者壓力大、焦慮或情緒低落時，
想偷東西的慾望就會逐漸醞釀，且愈來愈焦慮。**患者常偷竊買得起
或不需要的物品，只為偷竊得手時，內心的壓力或焦慮就會獲得釋
放。**

　　所以偷竊不一定是經濟出了問題或道德有瑕疵，可能是精神
與情緒異常。因為壓力太大，不知如何處理，藉著偷東西來抒解。
還有人給自己太大壓力，凡事講求速度及完美。平時已累積許多壓
力，若遇突發事件，如失業或恐怖新聞事件，就可能發病，需用抗
憂鬱的藥物治療。

　　除了以偷竊來抒壓，嚴重時會成為強迫症，如：無法控制地反
覆洗手、檢查門窗或瓦斯，不斷地將物品排列整齊，以身體為主的
摳皮膚（摳皮症）、拔毛髮（拔毛症）等，或過度儲存不必要或沒
價值的物品（儲物症）。

胡鈞怡／繪

☺ 焦慮症的類別

擔心、煩惱原本是正常情緒，若持續太久、反應過度，就可能成為焦慮症，類別包括：

一、分離焦慮症

害怕離開家庭或主要依附者（通常為父母），因而擔心自己或主要依附者遭遇不測（迷路、被綁架、意外、生病），所以不願意外出（含過夜），甚至不上學、不工作。

　　小孩在幼稚園及國小的頭幾天，會不想與主要依附者分開，這是正常的分離焦慮；只要提前因應或練習，讓孩子看不到主要依附者一段時間（此時間應逐漸拉長，但會依承諾而再度出現），讓他產生安全感、不用擔心被拋棄，分離焦慮就會減弱以致消失。過度害怕分離而不出門，已超過正常範圍。

二、恐慌症

　　恐慌發作時，感覺像快要死掉，或失去控制而「快要瘋了」。會引起身體不適，如心悸、冒汗、發抖、呼吸急促、喉嚨梗塞感、胸痛、噁心、肚子不舒服、頭暈。前一刻還很正常，馬上就出現上述症狀。十分鐘內症狀加劇，持續二十至三十分鐘，來得快也去得快。有些患者會在特定地點恐慌發作，如隧道、機艙、電腦斷層核磁共振的密閉機器、電梯、長手扶梯，就是「無法立刻脫身的情境」。

　　親友恐慌發作時，身邊的人應有同理心、體諒患者感受，可以告訴他：「我知道你很不舒服，但你放心，我會陪著你。」並安撫恐慌症患者：「這是恐慌發作，症狀會慢慢過去，你不會因為這樣而死掉。」若患者還是很不舒服，可視情形使用抗焦慮劑，但不宜長期依靠，以免產生藥物依賴。

三、特定畏懼症

　　對於特定事物有強烈的害怕，畏懼類型為：動物（如蟑螂、老鼠、狗）、自然環境（高度、暴風雨、水）、血液—注射—受傷、場所（封閉的地方、飛機、電梯）。正常的恐懼讓人行事更加謹慎，保障自己及他人的安全。雖然會懼怕上述項目，但情緒反應沒有這麼強烈（歇斯底里、昏倒），也不會因此完全拒絕那些東西或

事情（如不搭電梯、不坐飛機）。

四、廣泛性焦慮症

有些焦慮有確切的對象或事由，但若對許多事件或活動都有「過度的」擔憂，如不斷地擔心經濟、健康、學業及感情等問題，且很難控制，還有下列症狀，如：不能靜止或感覺浮躁、不耐煩、容易疲累、難以保持專心或心中一片空白、易怒、肌肉緊張、睡眠障礙等，就到達需要協助的地步。這種凡事「愛煩惱」的心理疾病，使病患常常「不開心」。

五、社交恐懼症

在社交互動（交談、跟不熟悉的人會面）、被觀察（吃東西或喝飲料）、在別人面前表現（演講）等情境，擔心別人的負面評價（羞愧、尷尬、被拒絕或冒犯別人），所以感到顯著焦慮或恐懼。想要逃避大多數社交活動，影響日常生活及正常功能。

六、網路焦慮症

焦慮的類別因社會變遷而改變，目前較明顯的是手機或網路焦慮症。國家發展委員會發布「二〇一四台灣數位機會發展現況」調查（余佳穎，2015），「一天不使用網路就會焦慮」的比率，近三年從13.4%成長至23.6%，每四個人就有一人；以「不動產業」、「專業、科學及技術服務業」、「教育服務業」、「醫療保健及社會工作服務業」及「藝術、娛樂及休閒服務業」等行業最嚴重。一天沒碰網路就會焦慮的比率也超過三成，因為過度上網，身體狀況及實體社交功能均變差。

愈來愈多的人因為工作壓力導致失眠焦慮而就診，經過仔細

詢問才發現：問題不在「工作本質」，而是受到網路牽制。由於只習慣用網路溝通，娛樂也來自網路，掉入「網路重度使用」的陷阱。可能產生「手機幻聽症」與「社交網路依賴焦慮症」，沒有來電鈴響或震動，卻聽到手機響或有震動錯覺。這項幻聽症的英文名稱ringxiety，就是結合手機鈴響（ringtone）與焦慮（anxiety）兩個字。社交網路依賴焦慮症患者對人際關係有高度不安全感，常產生幻聽現象。所以，**身邊的親友若出現「沒事就要滑一下手機」的狀況，要多留意並鼓勵他外出參加團體活動或聚會，畢竟「面對面」的互動及情感傳遞，才最真實。**

2016年3月，南韓訂定精神健康綜合對策，將電玩、酒精、依賴性藥品、網路、賭博同列為五大上癮物，電玩上癮將被當作疾病管理。政府將在國立精神醫院開設專門療程，治療電玩上癮患者；還將強化上癮者鑑別系統，在中、小學實施網路遊戲、手機遊戲上癮之早期鑑別檢查，在職場和大學普及鑑別檢查用具。南韓警覺到網路、電玩上癮已成全國健康危機，所以**推出戒癮服務，讓整天掛網或手機上難以自拔的青少年「戒毒」。**

😊 心情低溫與失落

失落感包含多種消極情緒，如：憂傷、苦惱、沮喪、煩燥、內疚、憤怒、心虛、徬徨、痛苦、自責、焦慮、不安、抑悶、悲傷、恐懼、孤獨、嫉妒等。嚴重時可能因絕望而輕生，也就是接近或已經罹患憂鬱症。

失落感可能來自親情，如：兒女長大離家，父母不能接受「空巢」的事實。若想繼續掌控兒女，親子關係將變得緊張，甚至在兒女成家後，發生跟媳婦、女婿「爭寵」的情況。

失落感可能來自愛情，例如愛人變心，屬於自己的人被別人奪

走。

　　失落感可能來自工作上未獲升遷，看到不如自己的人居然升官，心理不平衡。

　　失落感可能來自退休，原先忙碌的生活、社會地位與價值，以及朋友，似乎都因退休而消失了。

　　失落感可能來自失業，有形的薪資、無形的尊嚴都被剝奪。

　　失落感可能來自離婚，失去了配偶、子女、完整的家庭及角色，也可能失去優渥的生活（因為收入減少或需支付贍養費），甚至被冠上失敗者或有問題等象徵（尤其是女性）。

　　有些失落是人生必經歷程，如：空巢、退休，雖然生活產生「劇變」、失去原先的「秩序」，但這是早知道的事情，為何仍感到巨大衝擊？許多人想像兒女或工作脫手，即可無比輕鬆（如：睡到自然醒），沒料到從此生活無趣、失去生命價值。若沒有預先做好心理及實質準備，會感到愈來愈強烈的失落感。

　　有些失落是自己的選擇，如：離婚、離職、離開（愛人或家人）。這樣選擇，應該是相信有建設性的結果。離開工作、家庭會感到寂寞，但如果是正確的選擇，之後應該愈來愈好。萬一是錯誤的選擇，則應設法挽救，重建愛情與婚姻、親情與職業。即使是被愛人拋棄，放下這段感情，也是一種選擇：應把自己寶貴的感情，保留給真愛你的人。

　　有些時候不是你的失落就是別人失落，如：工作未獲升遷或考試落榜。如果升遷及上榜是你的目標，那就重振旗鼓，不沉溺在失敗中，甚至自暴自棄。或是重新檢視目標，也許可以重訂新目標。

　　由此可見，**失落感的強弱與個人的適應能力有關**。能適應的人不僅很快度過難關，還能「化危機為轉機」，使人生更燦爛。反之則會更加痛苦與悲傷，甚至做出傻事，如自殺或報復（殺掉開除我的老闆、背叛我的愛人）。即使沒那麼強烈，持續的失落，仍讓人

焦慮和不安,變成長期的精神折磨。

　　真正的好朋友及有意義的工作,最能填補心靈的空虛。失落時要找具有「同理心」及「高關懷」的朋友,協助你調整生活內容,多做一些對人生、社會有貢獻的事。

實境與解析

　　報載(馮靖惠,2016),三十年前台灣留學美國一年就有5萬人;2014年台灣獲美國留學簽證人數僅1.4萬人,創2005年來新低,2013年取得各國留學簽證人數僅3.1萬人,也是十年來次低。校長、學者都認為,現在的家長「保護主義」太強烈,不願放手。許多家長不讓孩子出國,怕孩子太辛苦,認為「在台灣念台成清交,也可享受小確幸」。

　　陽明高中校長游文聰說:「現在學生想出國,要先通過家長那關。」陽明高中有學生出國當交換學生後,發現自己的興趣,申請到瑞士的大學學餐飲,也是很努力說服家長才成功。

　　教育部國際及兩岸教育司專門委員劉智敏認為,以往以留美為大宗,現在學生也會到香港、歐洲等其他國家讀書。劉智敏說,全球人才是流動的,孩子應多培養國際視野,全球移動力已是必備。

情緒與壓力管理練習

也許別人看不出來，但你覺得自己心平氣和、心滿意足嗎？還是經常感到焦慮與不平衡呢？仔細想想，原因到底是什麼？

 第二節　「安心」專案

偉人是「先天下之憂而憂，後天下之樂而樂」（范仲淹《岳陽樓記》），凡人則是應付生活小事就手忙腳亂、大驚小怪。但凡人與偉人相同的是，都得「提得起，放得下」（只是偉人領悟較快），如〈凡人歌〉（作詞作曲：李宗盛）所唱：

既然不是仙，難免有雜念，道義放兩旁，利字擺中間。
人生何其短，何必苦苦戀。愛人不見了，向誰去喊冤。
有了夢寐以求的容顏，是否就算是擁有春天？

凡人的煩心

有些人想做自己有興趣的事，卻說家人反對或自己沒準備好。這些都是藉口，若沒有自信，如何說服家人？如何篤定地「向前行」？會顧慮家人是因為害怕聽到反對的意見，打擊自己「脆弱」的意志。家人擔心你將來可能找不到工作，其反對意見仍有參考價值；而我們的應對是：就業不能只依靠一個才能，應朝「科際整

合」或「多職發展」邁進。大學可以雙主修或是一個主修加兩個副修，社團或打工也可培養第二、第三專長。就業之後仍要終身學習，繼續充實專業及其他職能，就不必擔心被社會淘汰。

除了依靠專業及跨領域能力外，還要具備什麼條件，才能真正地安身立命、發熱發光？台灣最賺錢企業的「半導體教父」、台積電董事長張忠謀已經八十多歲了（1931年出生），他與大學生演講時（楊惠君，2015），經第一條忠告永遠是：「從年輕時就養成一個終生的、健康的生活習慣。」他每天早上五點半到六點起床，晚上十點準備上床，十一點入睡。從二十歲起，便謹守這個運行的節奏。

管理學大師彼得‧杜拉克（Peter F. Drucker）說（劉眞如譯，2002：266-267）：

> 在知識社會中，人們有多害怕失敗。由於競爭如此激烈，……到了四十多歲就陷入「停滯」……。所以知識工作者最好在還年輕的時候，就發展出一種非競爭性的生活和屬於自己的社區，以及其他的興趣，……這類其他興趣會讓他們有機會奉獻，創造個人的成就。

事業成功絕非代表一切圓滿，「由盛而衰」之後，日子會更苦悶。**一定要從年輕時就有屬於自己的社團及興趣，而且以此奉獻社會**。艾瑞克森的心理社會發展階段論認為，「回饋社會」應做為中老年階段的使命。若自私自利，年老時會孤單寂寞，易於憂鬱、沮喪。

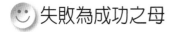 失敗為成功之母

許多人想做很多事，但「虎頭蛇尾」、續航力不足，只做兩三件，就沒力氣再做下去；或因爲「高估自己」，以致「想得多，做得少」。累積的失敗愈多，心理壓力自然愈大。空有理想、抱負或完美計畫，是不夠的（甚至是空洞、虛幻的）。**好高騖遠、眼高手低，只會距離成功愈來愈遠。**

如果因過去的挫敗而耿耿於懷，一直振作不起來，就有必要調整觀念。失敗或挫折比成功更有價值，不必逃避或刻意遺忘，可以善用挫敗經驗來自助及助人。有些人因一時失志而垂頭喪氣，甚至「懷憂喪志」。不接受殘酷的眞相（face to fact），更難轉回正向的心態與結果。

失敗或不如意時，應如何自我激勵？也許該理性思考：設定的目標值得追求嗎？失敗是件壞事嗎？也可找志同道合者、良師益友一起尋思如何突破心理障礙。可能是夢想與目標不適合，應該更換，而非不再夢想。如五月天樂團的歌曲〈一顆蘋果〉（作詞作曲：阿信）：

我想到遙遠遙遠的以後，會不會有人知道我，
在這個寂寞的星球，曾這樣的活過。

總要有一首我的歌大聲唱過，再看天地遼闊。
活著不多不少，幸福剛好夠用。活著其實很好，再吃一顆蘋果。

焦慮的「當下處理」

《這樣過活，焦慮自然消失》一書，提供了「當下處理」焦慮的三項建議（詳參鄒欣元譯，2010：205-220）：

1. 分散或轉移注意力：放鬆技巧、與支持你的人聊天、戶外走走或從事園藝活動、做些簡單及重複的動作、沖個熱水澡、看好笑的卡通片、吃頓愉快的點心或正餐。

2. 表達方式：使用較有支持性、實際性和安定性的話語與對自己說話。如：

「面對我害怕的（　　），是克服我對它感到焦慮最好的方法。」

「我以前處理過這樣的情況，我現在還是可以處理得很好。」

3. 說話方式：多說肯定的話。如：

「每一天我掌控擔心和焦慮的能力都在成長。」

「當我看到大多數真實的情況，就沒什麼好怕的了。」

人生各階段都有擔憂、恐懼的事，年輕時擔心不能達成夢想，沒有足夠的條件成家立業。中壯年擔心沒有事業及社會聲望，銀髮族的心理障礙主要為「退休綜合症」——退休後角色改變的一系列心理不適應。佛家說「世事無常」，要體悟「以變為常」。**喜或悲不會固定，都將過去。**喜不足喜，悲不足悲，要設法維持平常心。每次的變化或打擊，都不會是最糟的，**下次可能有更嚴酷的考驗。禍福相倚，沒有絕對的好與壞。**每一次的「應變」經驗，都是收穫。與不幸的人相比，我們遭遇的衝擊實在微不足道，**不要輕易被「風吹草動」擊倒**（草木皆兵）。**要突破「一朝被蛇咬，十年怕草繩」**的心理，以免「因噎廢食」，誇大了挫敗的殺傷力。

「難過失望時能自我激勵」、「能以創意突破困境」，對解決煩憂有莫大幫助。人們往往過於看重成功，以致失敗時更加痛苦。若能自我激勵，不因失意潦倒而悲傷，不陷入各種不安的流沙中，就能重塑自己的「逆轉人生」。

 情緒與壓力管理練習

　　張忠謀每天早上五點半到六點起床，晚上十點準備上床，十一點入睡，謹守這個運行的節奏超過六十年。你有何感觸？你知道自己輸在什麼地方嗎？你想如何調整睡眠習慣？

《相關學習資源》

一、電影

　　荷蘭電影《我可能不會變瘦》（導演：Arne Toonen，2010）。

　　推薦理由：這部電影以誇張的方式對比胖、瘦的差異，實際的人生當然是「過猶不及」，暴食或厭食、過胖或過瘦都會影響身心健康，或已經是心理疾病的徵兆。

　　電影的主是小胖，因廚師爸爸接了一份新工作，舉家從圓滾滾村搬到瘦巴巴村。之前所住的村子，人們較不介意身材，享受美食也沒有心理負擔。但在這裡，全村的人隨時都在運動；學生的課桌椅下有腳踏車踩輪，可以一邊上課一邊運動。為了節制飲食，超商不賣肉類、起司，大家都吃得很少。

　　瘦子村的人排擠小胖一家，取笑他們的身材，也不到他家餐廳

用餐。母親為了維持生意，只好對客人說：「這是豆腐類製成的低卡輕食」，當客人得知是高熱量肉類食物時，都恐慌地散去。

小胖到新班級自我介紹時，老師與同學都取笑他。剛開始小胖並不覺得有什麼影響，依然樂觀開朗。直到小胖的父親發現小胖被霸凌而傷心難過時，爸爸決定回到原有的生活～賣美食。這個胖家庭有個口號：「我們雖然胖，但很快樂！」對比那些為了保持身材而抗拒美食的病態行為，開朗的享受美食不是更健康嗎？

二、書籍

郤欣元譯（2010）。Edmund Bourne著。《這樣過活，焦慮自然消失》。台北市：大寫。

推薦理由：焦慮不等於焦慮症，但若不好好處理，以致嚴重到坐立難安、凡事不耐煩，就已變成心理疾病。本書是一本處理焦慮情緒的專書，周延與詳盡的從十個面向，來幫助煩悶又緊張的現代人。如：身體放輕鬆、心情放輕鬆、想法實際些、面對恐懼、對的運動、吃對食物、休息與放假、生活簡單、「關掉」擔心、當下處理。作者Edmund Bourne博士創設了「焦慮治療中心」，有二十年以上臨床經驗，這些心理自助技巧深入淺出、具體好用，值得身體力行。

Chapter 09 原諒與寬恕

- 為什麼要欺負我？

- 從「痛恨」到「原諒」

對的事——正確的起步

當別人重傷了我，不管是身體、尊嚴、感情⋯⋯，
「報復」一定是錯誤的嗎？
「原諒」一定是正確的嗎？

如果我「不原諒」，真的就比不上「原諒」？
但你不是我，你怎能真正體會我的感受？
你怎能那麼輕鬆的強迫我「原諒」？
你怎能那麼輕率的指責我「不原諒」？

你真能「同樣做到」你認為我該做的事嗎？
你真能體會「原諒才是放下」的感覺嗎？

😊 第一節　為什麼要欺負我？

2015年4月，農委會前主委彭作奎的女兒、藝人楊又穎，自殺身亡。家人發現一封遺書，抱怨網路酸民罵她「很愛假掰，偽善又天真」、「搶人男友，心機重」等（經媒體統計2014年11月至2015年1月底，遭到六十五篇匿名網友攻擊）。全家人非常不捨楊又穎的離去，大她十二歲的哥哥，發表公開聲明：

過去幾個月來，家人持續陪伴Cindy到醫院就診，從診所到大醫院也到自殺防治中心，沒有辦法讓她回心轉意。

她情緒起伏最大的原因之一，就是現在網路流行的「污衊式霸凌」，這些匿名攻擊，扭曲事實真相與前因後果，就算反駁，可能會更加被排擠討厭。更令她失望的是，抹黑造謠的人很可能就是身邊的朋友，讓她非常苦惱，不知可以相信誰。

家人無意把矛頭指向特定對象、特定網站，只希望所有曾經在相關網站投稿、按讚、收看、留言的人都能知道，不要以為說幾句話而已不會怎樣，別成為網路言語霸凌的共犯。

網路霸凌讓她身陷憂鬱地獄，希望她的離開，能喚醒更多人抵制匿名抹黑。

 ## 「霸凌」的處理

網路霸凌是一種暴力行為，以電子郵件、臉書、部落格、即時通等通訊軟體散播不實消息、辱罵或威脅、網路跟蹤、騷擾他人、人肉搜索、修改張貼他人肖像、醜化他人、對他人嗆聲，或發表不實言論促使大眾評論攻擊該人。**網路的匿名性，使攻擊行為沒有抑制效果，容易引起一連串跟隨效應。**

虛擬的網路世界，讓人不用「面對面」，因此霸凌者可能沒有感受到自己對他人造成的傷害。遭網路霸凌的人，則要承受他人異樣的眼光、排斥、疏離，因為身心受創而有輕生念頭。網路霸凌的傷害，不下於實體霸凌，影響範圍更廣，時間上則永久難以回復。

絕不能濫用言論自由的權利，在網路上以暱名罵人或指名道姓的批評別人，舉辦或參與惡意的票選（如班上最醜的人、最討人厭的人）。其他網路霸凌還有：未經同意張貼別人不堪的照片，轉寄色情或不雅照片或影片，未經他人同意公開個人資料（如身分證、電話、照片），警告或恐嚇他人，不斷發布令人不舒服的訊息等。

收到網路霸凌的訊息，或發現不明人士在網路上張貼不實言

胡鈞怡／繪

論，除了立即求證，還應通知父母師長代為處理。絕不要轉寄及張貼，以免成為霸凌者的幫凶。**發布出去的資訊難以收回，可能違反刑法的公然侮辱罪、誹謗（毀謗）罪、妨害風化罪、妨害秘密罪、恐嚇罪、無故入侵電腦罪、恐嚇危害安全罪、傷害罪等**。民法如：侵權行為（不法侵害他人之身體、健康、名譽、自由、信用、隱私、貞操），其他如個人資料保護法、兒童及少年福利法。涉及公訴罪的網路犯罪行為（如觸犯恐嚇、性侵、詐欺等），警方會主動偵辦。對於告訴乃論範圍的網路言論行為（如妨害名譽、誹謗等），則依法採不告不理。

　　未成年人若有霸凌行為，據少年事件處理法，家長（法定代理

人或監護人）會因忽視教養致少年觸犯刑罰法律之行為，或有少年虞犯之行為而受保護處分或刑之宣告，少年法院得裁定命其接受八小時以上五十小時以下之親職教育輔導；拒不接受前項親職教育輔導或時數不足者，少年法院得裁定處新台幣三千元以上一萬元以下罰鍰，並得連續處罰。

校園霸凌行為如已達身心虐待程度，校長及教師應依法通報，未依規定通報而無正當理由者，依兒童及少年福利與權益保障法規定，處新台幣六千元以上三萬元以下罰鍰。**教育人員知悉兒童及少年遭受身心虐待者，應立即向直轄市、縣（市）主管機關通報，至遲不得超過二十四小時。**

面對網路不理性的謾罵，應選擇不回應或乾脆關閉臉書。其實攻擊你的人，可能本身的情緒控制不佳、無法理性看待事情，或是慣於誇大問題。所以被攻擊時，不要認為都是自己的錯，不要急著回應，網路霸凌者的動機就是要你生氣。具體的因應方式如下：

1. 關掉網路，到大自然走走，事情也許不如你想得那麼嚴重。
2. 不要悶在心裡，求助才是最好的方式（可打1995）。主動向親友師長說出難處，尋求心理支持。
3. 尋求法律的制裁，儲存網頁進行蒐證，並報警處理。
4. 多做運動、早睡早起，透過規律正常生活，找回自信與自我肯定。
5. 出現憂鬱、焦慮或恐慌、心悸、冒汗等身心異常現象，思考也變得負面時，可求助精神科或心理師。

☺ 自尊受傷的處理

當你有成就或需要與人競爭時，不免遭到匿名式的攻擊（包

括造謠、流言與黑函）。除了演藝界外，商界、政界也很常見。即使你只是尋常百姓，仍可能與別人發生利益衝突而遭受攻擊。是否一定要找出匿名者？建議你先別急著這麼做，事情擴大對你更加不利；在還沒討回公道之前，已被冠以「無風不起浪」的壞名聲。**先冷靜下來、保持自信，繼續做你該做或正確的事，並可與「理性的網民」適度回應**：當你發現網民不理性時，就不必多說，事情真相自然有「水落石出」的一天。

有些中小學教師提前退休，原因竟是「被告的恐懼」（邱天助，2016）：

> 比起吃官司，讓老師更感屈辱的，是學生網路霸凌。學生透過網路對老師集體霸凌屢見不鮮，不只在大學，也出現在小學。而且，手段和用語愈來愈殘酷。有些使用惡毒的語言攻擊老師，甚至進行「網路誘欺」，想出各種激怒手段，誘使老師情緒失控，用手機拍照、錄影存證，然後上傳網路。

遭到學生匿名攻擊時，大部分老師選擇隱忍不發，因為一旦掀開，甚至遭受「罪有應得」的恥笑。受攻擊的老師有苦說不出，只能暗自承受精神折磨。在這樣的局面裡，師生「雙輸」：學生的憤怒來自對老師某些不滿無從抒發，但攻擊老師之後，並不一定能讓老師改善（或趕走老師）。老師遭受網路攻擊，不僅打擊自尊、自信及教育熱忱，也失去對學生的信任，破壞師生關係。因而有些老師提前退休，不想再「觸景傷情」。

並不是要強求學生對於老師都「尊師重道」，而是希望人際互動維持基本尊重，不製造紛擾與對立。這種「正確」的人際互動，是任何人際關係都需要教導與學習的重點。如果在家裡，子女或媳婦只能「孝順」（或聽話），夫妻之間只能「夫唱婦隨」（「男尊女卑」，使女性處在不公平的地位），工作上階級嚴明（指揮與

服從），下屬只好採取「陽奉陰違」方式，消極抵抗或隱忍。這類「面和心不和」、「暗潮洶湧」的不健康關係，均有賴良好溝通與表達來突破。要「表達」你的情緒，不要壓抑，以免總有一天爆發。**應多培養「同理心」，鼓勵對方表達情緒；更加敏銳的「察言觀色」，注意其「非語言行為」透露的真實狀況。**

如何面對欺負我們的人？《原諒》（亞奇譯，2012，詳參頁118-119）一書提到一個被開除的例子。唐因為向上司檢舉醫院不當的財務運作，而遭到開除。不只是失去工作、陷入財務困境，而且自尊嚴重受損。他十分憤怒，一心想討回公道；這使他成了一座隨時會爆發的火山，經常遷怒於妻子、兒子。妻子建議他找人協助處理那些負面情緒、學習控制脾氣；兒子則形容父親身上噬人的憤怒，像是一直沒有接受治療的癌，叫人不忍目睹。唐困在憤怒當中長達三十年，失去「活在當下」的能力。由此可見，**「自尊受傷」的傷口，比一般想像得要深。**

貝納鐸‧史達馬提亞斯（Bernardo Stamateas）所著《毒型情緒》一書，建議我們以下列做法來對抗有毒情緒（謝珙湞譯，2014）：

1.保持自己的步伐，絕不模仿他人。
2.別跟別人比較，只要專注於超越自己。
3.要專注於自己的價值，相信自己可以做到的事。
4.欽佩比羨慕好，欽佩會激勵人，羨慕卻會引發憤怒。
5.向那些跟你有同樣目標且已經成功的人學習，真心的佩服對方，承認他們的成功，給予他們祝福。

上述建議，前三條是自我肯定，後兩條是欣賞別人。由此可知，要能做到「我好，你也好」（I'm OK! You're OK!），才能擁有健康的人格與人際關係。這是由伯尼（E. Berne）所創的「溝通分

析」（transactional analysis）理論，自我評價或對人評價，可得出四種組合：

1. 「我好，你也好」，是具有信心、積極態度的人，也是心理健康的象徵。能建設性地解決生活問題，也能接受每個人的特殊性。
2. 「我好，你不好」，常覺得自己被傷害，把自己的不幸歸咎於他人，態度自大且容易懷疑他人。
3. 「我不好，你好」，有自卑感，壓抑自己、容易退縮，常常沮喪、失意。
4. 「我不好，你也不好」，常認為前途茫茫，容易放棄希望、不再努力。

第二節　從「痛恨」到「原諒」

電影或小說中的俠士、俠女為了報仇（尤其是不共戴天之仇），苦練絕世神功，在重創仇人的那一刻，看來真有無比氣慨。但，懷抱仇恨及為了報仇雪恥而活，真的比較好嗎？會否使自己更加狹隘（包括心胸視野與生活世界）？未傷到別人之前已先傷到自己，或為了復仇而付出不成比例的代價。但周遭的人（即使是最親密的人），有權指責我的報復行為嗎？為什麼不能容許我「不原諒」呢？

傷痛的來源

受到傷害的人，不僅是當事人，也包括家人、親密愛人及好朋

友。傷害的情況有很多,如:

1.**身體傷害**:遭到身體霸凌與凌虐,遭到身體攻擊(包含陌生人所為的隨機殺人、強暴等),以及發生於親密關係的「家庭暴力」(含男女朋友及同居人、子女遭到體罰及受虐等)。

2.**情感傷害**:愛情與婚姻裡的劈腿、婚外情等背叛行為,家庭中父母對子女的偏心、忽略與棄養行為,婆媳或姻親之間相處不睦的問題,以及其他各種場景的言語羞辱或精神虐待。

3.**自尊傷害**:因黑函或各種不實指控、不公平對待,造成名譽與職業損害(如失業)。老師、老闆、同儕、父母的指責、羞辱(甚至是歧視、霸凌),傷及個人自尊、自信。

家庭中的傷害,除了破壞婚姻關係,也造成子女成長的陰影。對子女日後的婚姻、兩性相處、衝突處理等,因父母或其他長輩的錯誤示範,而有不良影響。

報載(呂思逸、魏莐伊,2016),夫妻在過年後,更容易離婚。例如,新北市在過年後第一週,就有一百五十四對夫妻登記離婚。比起春節前,平均每天增加兩對。主要原因為春節假期夫妻相處時間變多,面對家族壓力及春節禮儀、經濟問題,易引爆爭吵,而後決定離婚。放長假時,家庭關係較密集,也是婚姻的壓力期;孩子教養、夫妻相處、婆媳問題等,均容易浮現。

職場上的傷害及「以牙還牙」,不利於團隊合作,也使自己得不到上司賞識,或無法帶領下屬推動工作。最糟的是,工作場合的爾虞我詐、明爭暗鬥,會影響個人前途與身心健康。

☺ 如何面對傷痛事件？

2013年，日劇《半澤直樹》爆紅，因「同仇敵愾」的投射心理，使觀眾相當入戲。半澤直樹為了「報殺父之仇」（銀行拒絕貸款，導致父親上吊自盡），努力考進該銀行，並升遷至高位。為的是找到當年害父親自殺的「仇敵」（現已晉升至高層），要他「加倍奉還」，嚐嚐當年半澤直樹一家人的傷心痛苦。

2015年，大陸劇《瑯琊榜》，是讓大家爭睹的宮廷鬥爭劇。梁王的皇子們因爭權奪利，處心積慮地打擊對方，毫不顧慮親情。男主角梅長蘇為了復仇而忍辱負重，等到報仇那一天可以「加倍奉還」。

情場上的報復也不少，因而變成了「恐怖情人」，傷害對方或以死相逼，最後往往人財兩失。既贏不回愛人的心，還須負法律責任，坐牢一輩子及巨額的賠償。

受到重大傷害，有沒有可能喜劇收場？2010年，一齣高收視率的戲劇《犀利人妻》，劇中溫瑞凡與謝安真是一對幸福夫妻，瑞凡是國立大學畢業的高材生，安真只有高職畢業。由於安真勤奮細心（家庭主婦，劇中還有個六歲的女兒），使瑞凡沒有後顧之憂，才有不錯的事業表現，使他成為總經理的熱門人選。一位遠房親戚黎薇恩的出現，使這個家不再完整。薇恩十歲時，父母離異且各自再婚，又都有子女。**薇恩長年流浪在兩個家庭之間，渴望關愛卻不可得，才讓她想跟安真搶瑞凡。**年輕有魅力的她果然搶贏，安真痛苦得差點自殺，幸賴朋友鼓勵才走出陰霾，重新開展自己的新生活。瑞凡後悔而想破鏡重圓，安真肯定的表示：「回不去了！」安真沒有報復瑞凡，她將全部心力用在養育女兒及開創人生。劇中的插曲〈指望〉（作詞作曲：潘協慶），說出了安真的心情：

別指望我諒解，別指望我體會，愛不是點頭就能挽回。

快樂或傷悲沒什麼分別，心碎到終點會迎刃而解。

有些夫婦面臨配偶婚外情，當一方懺悔時，會選擇「原諒」而重修舊好。這不是一條容易的路，要與「原諒」相伴多年。如海倫‧惠妮（Helen Whitney）所著《原諒》一書的案例，黛柏選擇原諒背叛她的大衛，因為（亞奇譯，2012：84）：

> 我不想當個被害者，而且我發覺只要不原諒，我就會永遠是受傷的那一個。可是信任已經被摧毀了，我必須從頭開始重新建立。

為什麼要原諒？黛柏覺得這麼做是值得的（亞奇譯，2012：88）：

> 原諒深深的改變了我和自己、和大衛、和孩子的關係。那表示我不必一直背負著重擔，不必背負這個動彈不得、痛苦、可怕、難受和憤怒的水泥球。原諒代表我可以放開所有難以忍受的情緒。

☺ 處理莫名與突然的創痛

如果傷害來自不認識的人，又該如何處理？民國81年，台北市撫順街發生一起造成嚴重傷亡的KTV縱火案。計程車司機湯銘雄在神話世界KTV喝酒，和人起衝突後被毆。心有不甘的他，從家裡抱來一桶瓦斯，在KTV櫃檯前引爆，造成十六人被燒死。在獄中，他寫信向被害人家屬道歉，但沒有人回信，除了杜花明。她是一位國小教師，是死者杜勝男的姐姐。只有她原諒殺害弟弟的凶手，陪湯

銘雄走完人生最後一程。

杜明花的信中，沒有責備只有關懷。她不恨湯銘雄，只希望他好好思考自己的過錯，要他好好面對將來。這封信打動了湯銘雄，讓他悔悟自己的一時衝動。

剛開始通信時，杜花明的母親和妹妹並不知情。直到湯銘雄回信，署名給杜媽媽，杜花明才硬著頭皮向母親說出這件事。原來**湯銘雄從小即在沒有愛的環境成長，沒有人給他適當的關心和鼓勵，以致走到偏差的道路**。湯銘雄雖有兩個孩子，但他的家人對他並不接納。在獄中，他對人採取冷漠和防衛的態度，自殺三次未遂，不相信有人願意原諒他。

☺ 原諒是條漫長的路程

杜花明原來也有想報復的對象，她不能饒恕她的先生。婚後第十二年，先生遭逢事業的重大打擊，藉由醉酒和女人來逃避壓力。杜花明覺得難堪與羞辱，幾度想自殺。但兩個女兒需要母親，因此繼續忍耐。杜花明說，**饒恕是一輩子要學習的功課，但彼此傷害更是一輩子的束縛**。

杜花明是原住民，按過去部落的做法，全族人必須帶刀去報復湯銘雄。杜花明的媽媽接受基督的愛，無心想報復的事。因為教會教導要饒恕別人，所以她把湯銘雄當自己的兒子。湯銘雄若活下來，她會認為還有一個兒子活在世上。湯銘雄因而相信世上有人真正愛他且接納他，他開始禱告，也為獄中的弟兄代禱。

1997年7月15日，死刑的判決出爐，湯銘雄坦然、鎮定的接受。1997年7月21日，湯銘雄帶著平靜的心，做完最後禮拜，離開了這個世界。並將器官全數捐贈，造福二十名病患。伏法前，他寫了六十多封信請受難家屬原諒他。獄中室友說，認識他三年多，原本他性

情暴躁易怒，逐漸變得溫和有禮。

　　湯銘雄槍決前，杜花明和母親從東部趕來見湯銘雄最後一面。湯銘雄與他們握著手道別，直呼「媽媽！姊姊！」杜媽媽難過的說，她已經死了一個兒子，現在又要看另一個兒子赴死。這段被害人和加害人化解仇恨的感人經過，被導演吳秀菁拍成紀錄片《回家》（*Coming Home*），贏得國內金穗獎最佳紀錄片、金馬獎最佳紀錄片入圍、紐約瑪格麗特・米德影展入選。片中湯銘雄對著鏡頭坦言，如果角色互換，他不知道自己能不能原諒對方。

　　杜花明帶著母親北上看湯銘雄，三雙手在接見窗的小圓口緊緊握著，成為片中最讓人感動的畫面，也讓雙方的生命有了新開始。吳秀菁深深感受監禁並不能改變一個人，她也體會到「連生死都可以被饒恕，還有什麼不能原諒」，以及「唯有饒恕才能走出傷害」。

　　真要原諒殺害親人的凶手，是非常困難的。2008年，清華大學王水案加害人洪曉慧假釋出獄，宜蘭有一位游媽媽，告訴被害人許嘉真的母親：「**原諒別人才能讓自己過正常的生活。**」九年前，她心愛的兒子被殺害，讓她痛不欲生，也曾有報復念頭。但最後選擇了原諒，還南下高雄監獄探望凶手小楊，讓對方很感動。游媽媽說：「其實不是當事者，都不知道這樣的痛苦，放下，才有辦法說，自己比較好過。」原諒凶手很難，但游媽媽說，放下就不再痛苦。

　　游媽媽到高雄探監時，小楊說：「游媽媽，可以跟我抱抱嗎？」游媽媽很驚訝，看到小楊哭，想到像是自己的兒子在哭，她也流下了眼淚。游媽媽說：「如果今天換過來是我的兒子殺人，我也希望別人原諒我兒子。」小楊假釋出獄後，在游媽媽的鼓勵下重拾書本，努力做人。現在的游媽媽笑口常開，大家都叫她「快樂媽媽」。

《原諒》一書中說（亞奇譯，2012：88）：

> 在原諒裡，沒有你可以抵達的「終點」。但你的心情會好轉、
> 覺得更有活力、更快樂、平靜，也有更多的接納。

原諒的受益人，不只是倖存的受難者及家屬，也包括加害人。
湯銘雄被原諒，終於相信有人愛他，能坦然赴死，並將自己的器官
全數捐出。年輕的小楊得到原諒，才有重新做人的機會。不少重刑
犯在成長過程中得不到關愛與原諒，所以變本加厲，傷害更多人來
報復及宣洩心中的怒火。

你是否遭遇過一些身體、情感、自尊的傷害，想一想，你如何
處理這些傷害？你試過原諒或是憤憤不平，繼續帶著創傷過日子？
而今，你是否比較願意選擇原諒，而不是一直處在憤怒當中？

☺ 寬恕是自己的決定

母親在我讀小學二、三年級時離家出走，爸爸希望她念在孩子
需要照顧的份上回來。雖然希望落空，但爸爸未將怒氣化成批評、
抱怨，只更用心、全力地照顧我們，讓我們多些快樂。當我到台北
讀大學，爸爸鼓勵我多跟媽媽互動、接受她的照顧。我的大學畢業
典禮、結婚、生子，媽媽都沒有缺席。

羅賓‧葛薩姜（Robin Casarjian）認為，寬恕意味著我們願意為
自己的看法負起責任（祝家康譯，2011：40）：

> 你覺得眼前這個人是個渾球，或只是個受傷不安的人，請記
> 得，決定之權，操之在你。……對方內心那個受傷的、充滿恐
> 懼的孩童，應該為他的粗暴和輕率負責，然而，那不是真正的
> 他。一旦明白了這點，你就無須因他人的恐懼、缺乏安全感或

創傷而感到被冒犯，或經常處於防衛狀態了。

辛曉琪演唱的歌曲〈領悟〉（作詞作曲：李宗盛），說著放棄報復的原因：

我以為我會報復，但是我沒有。

當我看到我深愛過的男人，竟然像孩子一樣無助。

這何嘗不是一種領悟，讓你把自己看清楚；

被愛是奢侈的幸福，可惜你從來不在乎。

當你看到想報復的人比你可憐，你就有能力決定寬恕他的錯。法務部自2000年起推動「修復式司法」，至今約有一千三百件申請，其中六百七十二件刑案當事人願意對話，達成協議比率為七成二。這是一種「柔性司法」，目的在讓加害人與被害人有機會對談，彼此瞭解的苦衷，最終達到原諒。**促進對話、修復情感的過程，為了減少彼此間怨懟。被害人能理解對方，而減低害怕或怨恨；加害人能因「誠意的道歉而獲得原諒」，而減少再犯。**

報載一則聳動的社會新聞，老翁懷疑女友移情別戀，狠心地割下女友的雙唇、雙耳、眼瞼和鼻子，兩人為此相互怨懟。透過修復式司法對談，發現是一時誤會與衝動，讓兩人生活變了調。心結打開後，因彼此感情仍在，女友願意等老翁出獄再續前緣。

震驚社會的小燈泡案，被害女童的母親一直希望能解開凶嫌犯案的背後原因，所以申請修復式司法對談。他們說，痛失至親的傷痛，有時只漲滿了憤怒的情緒。從理性面思索，希望小燈泡的離開有價值，為社會帶來更多反思與推動進步的可能。他們願意與法院、檢察署，甚至辯護人與被告等人，協力完成修復式司法的工作，讓被告家屬、親友、更多專家進入審判程序，甚至展開廣泛的社會對話，齊力注視被告種種生命歷程，找出犯罪行為背後深沉的

原因以及重要環節。**唯有理解並接納傷痛、恐懼、錯愕、猜忌、仇恨等情結，加害人和加害人家屬的道歉，才能真摯而深入內在。彼此的諒解才有可能，才能走到真正的和解，回饋到犯罪預防的社會機制與具體實現。**

情緒管理練習

　　不論從報紙、書籍、電影或身邊的例子，找出一則「原諒」以及一則「報復」的例子分析，並以同理心衡量：「如果是我，會怎麼做？」

情緒與壓力管理練習

　　求學時代，你的班上曾否發生霸凌事件（包括網路匿名式的霸凌），結果如何？現在想想，你覺得這樣的事件中，霸凌者、被霸凌者、旁觀者各自的責任是什麼？如果可以重來，這三種角色應如何做，才能避免悲劇發生？

相關學習資源

一、電影

瑞典電影《催眠》（導演：雷瑟霍斯楚Lasse Hallstrom，2012）。

推薦理由：《催眠》改編自瑞典文學作家夫妻檔「拉許·克卜勒」的暢銷偵探推理同名小說，由《狗臉的歲月》金獎導演雷瑟霍斯楚執導，同時代表瑞典角逐奧斯卡最佳外語片。

男主角是精神科醫師艾瑞克，在十二月深夜的一樁滅門血案中，被警探約拿請求透過催眠，使急性創傷而陷入昏迷的存活者說出誰殺害了他的雙親與妹妹，以便及時救出目前失蹤的姊姊。但艾瑞克已十年未曾施行催眠術（他發誓永遠不再為人催眠），但失蹤的姊姊命在旦夕，所以艾瑞克被說服開始進行催眠，事情卻變得始料未及。

除了主線的催眠追凶外，男主角因出軌而導致婚姻觸礁，雖然男主角已與對方分手，但兩年來夫妻間爭執不斷，妻子仍擔心丈夫與對方舊情復燃（雙方在同一家醫院工作），這也影響到他們兒子的身心健康，這是本片的另一個重點。

二、書籍

亞奇譯（2012）。Helen Whitney著。《原諒》。台北市：三采文化。

推薦理由：這本書詳細記錄了十個私人領域及公眾領域的原諒個案，包含各類傷害事件，當中有非常嚴重的屠殺或攻擊事件，也有造成嚴重內傷的背叛或嘲弄事件。剛開始的情緒，自然是憤怒、痛恨，想要報復、討回公道、伸張正義，絕不可能原諒對方。但是逐漸發現，原諒可能是通往復元的最佳道路。原諒是一種和解與療癒，但這條路比我們想像的遙遠，要有耐心慢慢前進。

⑩ 夠用的自信心

- 自信／自卑的差別
- 可敬的專業人士

對的事——正確的起步

什麼「時候」你建立或產生了自信？
自信的「關鍵點」是什麼？
是「誰」幫你發光、發熱？

做什麼「事」最有成就感及喜悅？
「現在做的」是讓你有成就感及喜悅的事嗎？
你是否「愈來愈有自信」？

什麼「時候」你失去了自信？
自卑的「關鍵點」是什麼？
「誰」讓你愈來愈黯淡無光？

做什麼「事」最無力、最挫敗？
「現在做的」是讓你無力及挫敗的事嗎？
你是否「愈來愈沒有自信」？

如今，你決定不再追逐天際的流星，
更珍惜眼前的一盞燭火嗎？

第一節　自信 / 自卑的差別

不少人覺得「懷才不遇」，可能是沒找到發揮的機會，或沒有放在「對的位置」上。對大學新鮮人的調查發現，近三分之一的大一學生，對所讀科系不滿意。認為不是真正想讀的科系，或讀了發現跟原先想像的不同。

以科系或職業選擇來說，**趁早觀察自己較喜歡運用哪些技能，可幫助你找到自己的志業**，如：閱讀、談話、談判、諮商、思考、寫作、組織、管理、運動、修理機械、創作物品、處理資訊，或和孩子、動物、植物一起工作等。運用「得心應手」的技能，會覺得特別振奮，做起事來更有熱情與效率。

找到適合自己的職業，還需衡量自己的「工作戰力」。例如律師需要思考、合群、迅捷、細緻、表達等能力，較不需要領導力、冒險力。

😊 真正的自信

馬斯洛的需求層次論，由低至高分為五層：生理、安全、愛與隸屬、尊重、自我實現。**「尊重」及「自我實現」的需求，與一個人的自信有關**。尊重包括「自尊」與「受人尊敬」，高自尊的人能在不同情境中展現實力、勝任愉快、充滿信心。受人尊敬是因為擁有相當的社會地位與聲望，得到別人的信賴和高度評價。「尊重」的需求得到滿足，會覺得自己的生命有價值。「自我實現」是指實現個人的理想、抱負，將能力發揮到最大限度。擁有稱職的工作，會感到非常快樂。

　　什麼「時候」你會感到有自信？若一定要考前三名，看到自己的名字公布在優秀學生榜或上台表揚；這固然是自信的來源之一，但機率太低。對某些人而言，甚至像天上的月亮，看得到，抓不著。

　　你可以試試其他的「第一名」，如：第一個到班上打開窗戶的人，第一個舉手願意幫忙老師搬作業的人，第一個願意承擔大家都討厭事情的人……；其他如：跑步最快、笑聲最大、唱歌最好聽、最熱情、最勇敢等。雖然這些事蹟不會貼在公布欄上，不會拿到獎狀，但**只要將「能力」發揮到最大限度，一樣達到「自我實現」**。

　　《遠見雜誌》與104人力銀行公布「2011企業最愛大學評鑑」調查，結果發現：在台灣企業眼中，台灣畢業生的「學習力和可塑性」、「創造和創意能力」，優於大陸和香港畢業生。大陸畢業生則在「主動積極的態度」、「對工作的熱情和企圖心」，明顯優於台港兩地畢業生。香港畢業生的「國際觀和外語能力」，大幅超越台灣和大陸畢業生。企業認為社會新鮮人必備條件為：專業證照（46.1%）、企業實習經驗（37.6%）、打工經驗（35.9%）、外語證照（28.1%）、雙主修或輔系等第二專長（23.1%）。

　　1111人力銀行公布「2015企業最愛大學」調查顯示，「年輕有幹勁」（56.4%）、「具創新思考能力」（34.9%）與「積極有企圖心」（31.4%），是受訪企業樂於接受大學應屆畢業生的三大主因。反之，企業直言「新鮮人上手太慢」（49.3%）、「訓練成本高」（46.3%）與「抗壓性低」（34.3%），是他們不喜歡錄用應屆畢業生的原因。企業進用新鮮人的指標中，**「團隊與合作能力」**、**「學習能力與可塑造性」**及**「溝通與表達能力」**較受重視，勝過「專業知識技術」、「創意創新能力」、「全球移動力」。企業期待新鮮人儘快融入團隊，更勝於專業的立即貢獻。企業對於新鮮人「實戰經驗」及「工作態度」的要求，超越專業知識技能。

　　《Cheers快樂工作人雜誌》進行「企業決策者最愛的大學畢業生」調查，由八項指標組成——「專業知識與技術」、「穩定度與抗壓性」、「解決問題能力」、「團隊合作」、「學習意願、可塑性」、「國際觀與外語能力」、「創新能力」、「融會貫通」。**多年調查結果發現，不論是否為名校畢業，工作中升遷的關鍵在於有沒有「自學的本事」**，學校教的永遠趕不上最新科技發展帶來的工作轉變、產業轉換。名校學生在本職學能上或許技高一籌，但有沒有心想要持續學習，與學歷並無直接關係。

　　《Cheers快樂工作人雜誌》「2015台灣2000大企業人才策略大調查」結果，有三個重點值得觀察：

1. 名校光環有利，實作力才是王道。
2. 企業最愛榜單，也是企業最渴望未來產學合作的學校。企業為了培育未來人才，近幾年也積極透過產學合作向學校爭取人才。
3. 考場勝利組不等於職場勝利組。

　　哈佛大學教育學博士、變革領導中心主持人東尼・華格納（Tony Wagner）曾擔任多年高中教師與校長，在《教出競爭力：劇變未來，一定要教的七大生存力》一書呼籲，當今職場的核心競爭力與技能，為下列七項（詳參宋偉航譯，2012：45-74）：

1. 批判思考和解決問題的能力。
2. 跨網絡合作與影響力領導。
3. 隨機應變與靈活適應。
4. 積極主動與勇於創發。
5. 良好的口頭語文字表達能力。
6. 接收資訊與分析資訊的能力。
7. 求知慾和想像力。

😊 人生各階段應有的努力

艾瑞克森（Eric H. Erickson）提出「心理社會發展階段論」，將人生分為八大階段：嬰兒期、幼兒期、學齡前兒童期、學齡兒童期、青少年期（青春期）、成年早期、成年中期以及成年晚期（**表10-1**）。各階段均有「發展任務」，否則就會構成「發展危機」，使下一階段的發展也不順利。

表10-1 艾瑞克森「心理社會發展階段論」之任務、危機與特徵

階段	年齡	發展任務與危機	發展順利的特徵	發展障礙者特徵
1	0～1（嬰兒期）	信任與不信任	對人信任，有安全感	面對新環境時會焦慮
2	2～3（幼兒期）	自主行動（自律）與羞怯懷疑（害羞）	能按社會行為要求表現目的性行為	缺乏信心，行動畏首畏尾
3	4～6（學齡前兒童期）	自動自發（主動）與退縮愧疚（罪惡感）	主動好奇，行動有方向，開始有責任感	畏懼退縮，缺少自我價值感
4	6～11（學齡兒童期）	勤奮進取與自貶自卑	具有求學、做事、待人的基本能力	缺乏生活基本能力，充滿失敗感
5	12～18（青少年期～青春期）	自我統整（認同）與角色混淆	有了明確的自我觀念與自我追尋的方向	生活無目的的無方向，時而感到徬徨迷失
6	19～30（成早期）	友愛親密與孤癖疏離（親密與孤立）	與人相處有親密感	與社會疏離，時感寂寞孤獨
7	31～50（成中期）	精力充沛（生產）與停滯頹廢	熱愛家庭、關懷社會，有責任心及正義感	不關心社會或別人的生活，缺少生活意義
8	50～生命終點（成年晚期～老年期）	自我榮耀（統整）與悲觀絕望	隨心所欲，安享餘年	悔恨舊事，徒呼負負

　　由此可知，如果覺得目前的狀況不好，不僅要注意現在的發展任務，也要探究前幾階段的發展狀況。要努力的不僅是眼前的任務，還需把先前未竟的任務一併完成。例如小學階段的發展任務為「勤奮進取」，若懶散、不勤快則會變得「自貶自卑」。例如：孔子為了施展抱負，奔走列國不以為苦。有人問子貢：「你的老師是不是聖人啊？為什麼每件事都會？」子貢回答：「這是老天爺讓他成為聖人啊！所以他什麼事都會。」孔子聽了就說：**「是因為我年少的時候家境貧困，什麼雜事都親自去做的緣故啊！」**（「吾少也賤，故多能鄙事。」《論語・子罕》）

　　例如：31～50歲（成年中期）的發展任務是「精力充沛」（生產），除了表現在熱愛家庭之外，更因社會責任與正義感，而積極關懷與回饋社會。獲第八十八屆奧斯卡金像獎影帝的李奧納多，1998年成立**「李奧納多狄卡皮歐基金會」，除了將自己的工作與環境保護結合，還給予相關工作強力的金援。**中年發展危機是「停滯頹廢」，也就是不再繼續成長，不關心別人的生活，不參與社會公益活動，因而缺少生活意義。

☺ 工作愉快的關鍵

　　「生涯價值觀」是工作是否勝任愉快的關鍵，每個人必須知道自己最看重的是什麼。

　　從「生涯價值觀」可知，有人偏好有變化、富挑戰的工作，有人喜歡安穩、較固定的生活。持「挑戰性」生涯價值觀的人，覺得「安定性」的工作太無聊；但持「安定性」生涯價值觀的人，覺得「挑戰性」的工作過於緊張。如果**不瞭解自己的生涯價值觀，盲目配合父母、師長或社會的期待，就會造成內在衝突，浪費寶貴的時間及心力。**

表10-2 生涯價值觀的項目與內涵

生涯價值	內涵
1.聲望	獲得相當的聲望，受到他人推崇與尊重。
2.專業表現	依照自己的興趣工作，發揮及貢獻個人所學。
3.職場環境	工作環境安全、舒適，有個人專屬的空間。
4.人際關係	與志同道合者一起工作，不喜歡被人事紛爭所干擾。
5.自主性	依自己的方式工作，不喜歡外來的牽制。
6.升遷及發展	在體制健全的機構工作，獲得系統的訓練，能不斷升遷與發展。
7.安定性	有相當的工作保障與福利，能不受外界經濟景氣影響。
8.實現性	工作時能獨立思考判斷，能表現個人風格，實現個人理想。
9.變異性	工作富於變化，能嘗試各種操作方式。
10.挑戰性	工作富於挑戰，能充分激發自己的潛能。
11.利他性	直接服務於人群，能為需要的人解決困難。
12.審美性	世界更美好，能增進人類社會的真、善、美。
13.影響力	獲得相當的權力，能指揮及管理別人。
14.經濟報酬	能獲取更多的報酬，累積個人財富。
15.成就感	能看到具體的工作成效，有成功、突出的表現。

　　工作不得志，可能是不瞭解職場環境、無法應付複雜的人際關係。在經歷旁人的苛責、團隊合作不愉快等負面經驗後，擊退了自信。**這些職場實戰狀況可能「提前知道」，事先「沙盤推演」嗎？當然可以**，不少職涯心理測驗中，都能測知你在職場上欠缺的能力，以便提前補強，如：大學生生涯適應力量表、華人工作適應量表、成人生涯認知量表、生涯發展阻隔因素量表、生涯信念量表。

☺「喜歡自己」的希望工程

　　缺乏自信的人不能自我肯定，建立自信的希望工程就是「喜歡自己」。沒有人是完美的，不完美並非壞事。自信低落的人多半自我價值感或自尊也低，不覺得鏡中的自己很美，不相信自己的獨特

性，容易有罪惡感而自我犧牲，總等著別人給予安慰或肯定。

自尊及自信的低落，與父母態度有關。例如：達不到父母的期望，遭致父母失望的眼神與負面評價等。父母的期望又受到狹隘的社會成功標準所影響，就是所謂「名校光環」。台積電董事長張忠謀曾批評「台灣明星學校傲氣沖天」（郭政芬，2014），他說自己求學過程讀過香港培英小學、中國重慶南開中學、上海南洋模範中學，都是非常好的學校。後來到美國念哈佛、麻省理工學院，也是一時之選。但沒有一個學校讓人感覺有明星學校光環，**大家只覺得進入不錯的學校很幸運，學校也未將學生視為天之驕子**。但張忠謀發現台灣明星學校的光環很盛，明星學校、學生或家長都「傲氣沖天」，他認為這樣很不好。

低自尊或太多失敗經驗，會導致懷疑自己。之後遇到挫折或壓力時，容易退縮與投降。自尊健全的人較為堅強、開朗，遭逢困難也較能面對及接受挑戰，不會輕言放棄。

喪失自信不是一天的事，重建自信亦非一日之功，要從耐心的「自我接納」及「自我肯定」開始。Senge, P.（2002）所著《學習型學校》提及，工業時代的學習觀念第一條是：「孩子都是有缺陷的，由學校來加以修正」。雖然大部分教育工作者並不同意，但仍沿用此觀點來對待孩子，讓孩子誤以為「我數學不好就等於我不好」。當孩子在學校表現不好，父母也覺得是自己未善盡責任。從前被師長指責的焦慮被喚醒，更不希望自己的孩子有缺陷。

誰是完美無缺的？考到前三名、進入明星學校，就是沒有缺陷嗎？長大後買豪宅、穿名牌、有名氣，才算沒有缺陷嗎？若「不如人」代表「有缺陷」，世上就找不到沒有缺陷的人了。**觀念錯誤使人活在虛榮及自卑的衝突中，遇到比自己差的就莫名虛榮，看到比自己好的又無比自卑。**

☺ 別人看不起你嗎？

自卑的人常對別人無心的言行敏感，很怕別人發現他的弱點。他們的自卑常沒什麼道理，只是一次比賽沒有得獎，或是一次考試落榜，就覺得自己很差勁。「知覺」到別人看不起你，要做的絕不是改變別人的反應，而是改變自己的知覺。例如大學聯考放榜，不管考上什麼學校，只要你願意努力，一樣會成功。**也許不是名校出身而有成就，別人反而更加佩服你**，就像信樂團的歌曲〈海闊天空〉（作詞：姚若龍／作曲：Hun Lim、Jun Young Choi）所唱：

慶幸的是我一直沒回頭，終於發現真的是有綠洲。
每把汗流了，生命變得厚重，走出沮喪才看見新宇宙。

海闊天空，在勇敢以後，要拿執著將命運的鎖打破。
冷漠的人，謝謝你們曾經看輕我；讓我不低頭，更精采的活。

覺得上司或同事看不起你，認為他們比較看重明星大學畢業生，就更要自我激勵：「一個人的表現不僅看學歷，更賴態度及能力。」**就算別人對你有偏見，仍應克盡本分、虛心學習**，讓人「士別三日，刮目相看」。

美國史上第一位黑人總統歐巴馬，父親是來自肯亞的留學生，在歐巴馬兩歲時離開了他們母子。歐巴馬從小跟著外公外婆長大，母親家族只有他一個黑人。他的黑白混血身分確實讓他自卑，但外公外婆告訴他：「生為黑人，必須花雙倍的努力，才能取得成功。」（王楷星，2012：85）歐巴馬在勝選演說中說：

當旁人嘲諷、懷疑我們，而且說我們辦不到時，我們會回以

那歷久不衰、總結一個民族精神的信念：「是的，我們做得到。」（And where we are met with cynicism and doubts and those who tell us that we can't, we will respond with that timeless creed that sums up the spirit of a people: Yes, we can.）

教育心理學研究發現，對於多數人來說，「成功才能培育成功」。所以教師要安排適當的學習環境，給學生必要的支持與協助，減少他們的挫敗感。成功經驗使人產生信心，因為預期下一次會成功而願意堅持下去。未成年時，依靠父母師長為我們創造成功經驗，長大後就得靠自己找機會累積「成功點數」。

培養自信首須檢視自己的想法，以「知足常樂」、「比上不足，比下有餘」等合理想法，來自我挑戰與自我辯論。唯有腳踏實地、珍惜所有，澄清自己的價值觀（什麼對我們真正重要），才能逐漸累積成就感，重新發現自己的優點。如五月天樂團的歌曲〈將軍令〉（作詞作曲：阿信）：

戰場不會放過你，直到人們覺醒自我，
何時不盼不求，不等將軍或英雄。
你相信什麼，你執著什麼，你就是什麼。

☺ 適度及健康的自卑

適度的自卑，讓人尋求補償、急起直追，或自嘆弗如而願意接受指導、向人學習。過度的自卑，則讓人卑躬屈膝、妄自菲薄，不知自重且畏首畏尾。或相反地為了掩飾自卑而自命不凡、狂妄自大、好高騖遠，變得華而不實，無法及時改錯、及早更新。

自卑心情與不幸遭遇會產生連結，一再挫折即可能產生「習得

的無助感」。失敗陰影如「杯弓蛇影」，使人終日提心吊膽、惶惶不安，喪失「再嘗試」的勇氣，淪入更失敗、更自卑的循環。

你周遭有沒有這種人，一直因自卑而不快樂。不管怎麼努力，都不能「東山再起」、「起死回生」。以我國的傳統來說，自卑的起源通常從功課落後開始，讀不到名校就「固著」於自己不如人的念頭，以致工作跟著不如意。不甘心的結果，若決定創業、奮力一搏，又因經驗及相關知能不足而差點血本無歸。看到別人有不錯表現，更自慚形穢，覺得自己好沒用、好渺小，沒有存在感。**因為太自卑，所以渴望別人注意，陷入「不被肯定／自卑」的深淵中。**

「萬般皆下品，唯有讀書高」的觀念，使無法進入明星學校的人，似乎沒有機會成為社會菁英。這種「優勝劣敗」的社會達爾文主義，導致不少學業失敗者一路自卑，看不到自己的價值。在「樣樣完美」的不合理信念下，忘了真正的成就與幸福。

有一首基督教的聖歌：

人需要工作，人需要生活，人需要還更多，
人需要知道來到這世界，為的是什麼而活。
有的說人只是化合物，只有肌肉和軀殼。
但人有顆心和一個靈魂，不只為柴米而活。

心與靈魂，才是生命中最可貴的，不要輕易違背良心、出賣靈魂。當你自卑、空虛時，別忘了靜坐冥想，「向內」尋求答案。心與靈魂不會欺騙你，不會讓你失望。

自卑的人只看到別人光鮮的一面，忘了別人也曾多次失敗及無盡的努力。自卑使人看不到自己的盲點，怕吃苦、不能堅持而無法突破。「自信／成功者」與「自卑／失敗者」的差別在於EQ（情緒智商）。高EQ的人有自信、容易成功，因為：

1. **有清楚的價值觀及遠見**：知道自己的人生方向與追求的目標，不會盲目羨慕別人。為了達成目標，能看淡、延遲甚至捨棄某些享受。能珍惜現在的成果，知道「積少成多」的驚人力量。

2. **善於自我激勵**：自信者的字典沒有「困難」兩字，不因失敗而放棄預定目標。失敗成為激發鬥志與心智的動力，「一定」要找到解危、脫困的方法。

3. **瞭解及控制自己的情緒**：築夢過程中難免沮喪、挫折、悲觀，但因平常即有抒壓管道，會在覺察到負面情緒時儘快抒解，不讓它們累積、氾濫及持續。

自信不會憑空而來，要靠「實力」建立。實力不會從天而降，要有相當的付出。一旦建立了自信，不但不會因此「鬆懈」，還會「精益求精」。**自信使人抬頭挺胸，性格愈來愈喜悅開朗。**

情緒與壓力管理練習

你周遭有否過度自卑或過度自傲的人？為什麼會如此？有何後遺症？他們看不到自己的問題嗎？對你有何啟發？

 ## 第二節　可敬的專業人士

若過於強調學業成績，疏忽其他成功的條件，如：溝通協調的能力、勤勞樸實的工作態度、挫折忍受力、情緒穩定、團隊合作、

全心投入、不斷成長等，就無法成為真正的專業人士。

☺ 重要的工作觀念

世界暢銷書《心靈雞湯》作者Ekeren，在《12道快樂工作雞湯》（胡瑋珊譯，2002）一書，提出十二個重要的工作觀念，幫助恢復生命活力與熱情。如：

1.點燃你對工作的熱情。

2.永遠都不夠好。

3.把自己視為公司的老闆。

4.投身於重要性最高的事情上。

5.發揮才能。

6.態度的力量。

7.打造一個更好的自己。

8.要起而行。

9.成功就在你的心中。

10.開創一番新的局面。

11.做個合群的人。

12.放輕鬆。

這些不見得是新觀念，卻是容易忽略與誤解的地方，例如「永遠都不夠好」（胡瑋珊譯，2002）：

要是沒有終身學習的心態，不斷追尋各個領域的新知和創造力，光是沉溺在過往的自滿當中，你終將喪失自己的生存能力（頁26）。

現在的機構對於缺乏學習意願的人是很無情的，員工必須負責精進自己的工作技能，否則就會被拋在後頭吃灰塵（頁28）。

「做個合群的人」這部分：

只要日常的做人處世能夠秉持這以下七個原則，那麼你們也可以和他人同心協力建立起一個人們彼此信賴的環境：傾聽他人的心聲、樂於協助他人、保持正直的品格、不要閒言閒語、尊重別人的價值觀、關心別人、彌補錯誤（頁204-206）。

實境與解析

報載（沈育如，2014），三十八歲的江振誠在新加坡經營的餐廳，不僅被評為新加坡第一、全球五十大最佳餐廳的第三十七名，更被譽為「全球下個年代最有影響力的十五位主廚之一」。江振誠沒念過大學，淡水商工餐飲科畢業後就投入職場，二十歲時一句法文也不會講，就飛到法國拜師學藝。憑著對餐飲的熱情，成為台灣首位米其林三星主廚，獲頒台科大名譽碩士學位。

江振誠觀察到台灣的年輕人通常缺乏耐心，也不夠積極，只想在短時間內獲得成績，但往往是不可能的。他建議年輕學子秉持耐心、熱情與堅持，培養解決事情的能力，不要等待上司下指令才去做，否則很難跟世界各國的人士競爭。

江振誠說，太多年輕人沒有方向，只為符合別人的期望而工作，一輩子茫茫然。他說，他聘僱員工從不看履歷，很多人原本從事食品科學、律師，卻願意花時間學廚藝轉行。「技藝可以跟大師學，但對工作的熱情是發自內心，怎麼也學不來的。」「如同手電筒聚光在一

點，就能成強光，三心二意什麼都想嘗試，光源分散亮度變弱，最後消失黑暗中。」

報載（趙敏夙，2010），獲得世界麵包大賽冠軍的吳寶春，國中畢業就開始當麵包學徒，每當意志力薄弱時，一想到媽媽的勇氣，就能咬牙再撐下去。吳寶春的媽媽不識字，早年喪夫，住的是牛糞混合泥土搭建、颱風一來就可能倒塌的房子，但媽媽告訴他「人窮志不窮」。她工作十分辛苦，在屏東的大太陽下種鳳梨。雖然她個子小、體力不支，經常頭暈，但喝了提神飲料又繼續工作。**吳寶春參加麵包比賽前好幾個月，下班後練習到凌晨兩三點。麵包從攪拌、發酵、整型、烘烤，一個步驟沒做好就要重來。他絕不跟軟弱的自我妥協，不斷從失敗中找到智慧。**

工作時若大家都「做我想做的事」，會造成某些事情推拖、逃避。恩師賈馥茗教授一再告誡我：「人長大了，也該學著為別人著想，不能只做自己喜歡的事。」面對不喜歡的事要如何轉念，即便無法喜歡也能平靜的做完？試試看「抱持高興的態度，去做不喜歡的事」，結果會如何？這可能是一個可以讓事情做好、讓自己快樂的方式。如果這件事很重要而且要跟別人合作，一直擺臭臉或露出不耐煩的表情，別人也會受到影響，事情就不會順利進行了。

盡量不懷著抱怨、煩躁的心態做事，可能比較不會分心，也不會壞了心情。一旦壞了心情，就會惡性循環，影響到其他事情和生活。抱持高興的心情完成不喜歡的事情，成果可能比以煩躁的心情完成來得好。每件事情都有它的意義，可能是增進自身的能力或考驗自己的毅力。**能從這些不喜歡的事情當中，找出正向的部分，不僅讓自己心情更愉悅，也能從中獲得成長。**

☺ 不卑不亢，虛懷若谷

　　自信者不卑不亢、虛懷若谷，他們知道「萬丈高樓平地起」、「登高必自卑，行遠必自邇」、「勤能補拙」、「熟能生巧」、「鐵杵磨成繡花針」、「愚公移山」、「天生我才必有用」、「行行出狀元」。謙卑的實踐之道，如亞里士多德所說：

　　對上級謙恭是本分；

　　對平輩謙遜是和善；

胡鈞怡／繪

> 對下級謙遜是高貴；
>
> 對所有的人謙遜是安全。

曾任台大校長的李嗣涔先生叮嚀台大畢業生「要謙虛」，因為他收到一封自稱「藍領勞工」林先生的電子郵件，指出有些社會新鮮人「活在高學歷的光環下」、「過於自私」、「沒有時間觀念」、「身段不夠柔軟」、「缺乏謙虛」、「沒有敬業精神，不夠尊重工作」、「藉口太多」，所以希望台大能重視此事，讓學生瞭解職場應有的工作態度與倫理。畢業典禮上李嗣涔說：

> 如果你能建立正確的工作態度及工作倫理，比如像謙虛、敬業、不諉過、守時、為別人著想等等，你必然能克服困難，發揮你的才能，請記得「你的態度決定了你未來的高度」。

學業競賽勝出的人，常擁有最多資源，享受明星學校的光環。社會價值觀使得「優秀」（考上明星學校者）與「平凡」（考不上明星學校者），成了兩個世界。但強調菁英主義的同時，又要學習謙虛，會否矛盾？靜思語說：「欣賞他人，就是莊嚴自己。」我們應該教導名校「菁英」，別人有許多比我們強、值得欣賞與學習的地方。要「虛心」，否則就看不出別人的長處。

更要有自覺的更新，知道「強中自有強中手」。吳寶春表示（勞委會職訓局，2012），進入職場最重要的是「準備自己」，「態度可決定一個人的未來」。**學習時要把自己歸零，才能讓像乾海綿般，盡情吸收所有的知識**。吳寶春很虛心，他十分認同「知識就是力量」（吳寶春、劉永毅，2010）。當世界各地的麵包師傅到台灣辦講習會，即使學費不便宜，他也捨得自我投資。每年他還會到日本好幾次，跟各國師傅學習做各式麵包。學習時他沒有任何想法，只是完全接受、吸收，並一五一十的拍照、記錄。若有任何細

節不到位，就反覆練習、不斷重複。未掌握精髓之前，絕不放棄。
2013年，他還到國立新加坡大學進修EMBA課程。

情緒與壓力管理練習

　　你所知道的名人或周遭的師長親友當中，有沒有誰十分謙虛？以一些具體事例來說明他們的謙虛，以及你想要仿效他們的地方。

相關學習資源

一、電影

　　韓國電影《醜女大翻身》（導演：金榮華，2006）。

　　推薦理由：漢娜的體重將近一百公斤，雖然上天賦予她天籟般的嗓音，但因肥胖體型，只能在幕後幫歌手「代唱」。製作人韓尚俊是唯一肯定她音樂實力的人，漢娜為了爭取他的愛，決定大幅度整型。過程雖然痛苦萬分，但能成為令路人看了都傾倒的大美女，漢娜覺得非常值得，整形後她改名為珍妮。

　　珍妮由尚俊推上了知名歌星的地位，付出的代價卻是「六親不認」，要裝作不認識患病的老父，還要背棄好朋友。雖然尚俊愛上了她，但諷刺的是因為全身上下都是假貨，整容醫生警告「不能接受熱情的撫摸」。尚俊自己也說：「不可能接受一個人造美女，作為自己女友。」

　　片中一大亮點，是女主角金亞中具有真正的歌舞實力，她親自

演唱電影中四首收錄歌曲。為了體現真實的演唱會氛圍，她接受嚴格的舞蹈及聲樂訓練。演唱會現場，選的是著名的奧林匹克體操競技場，還找來一千多名的臨時演員，烘托演唱會的氣氛。

二、書籍

盧蘇偉（2010）。《你是光芒——盧蘇偉的15堂愛自己》。台北市：寶瓶。

推薦理由：本書籍由十五個盧蘇偉的朋友或輔導個案的真實故事，說明不論是天資駑鈍很難有大成就的人，或有過大成就卻遭遇大挫敗的人，都要懂得「愛自己」。每篇故事的結尾都有一段話當作「愛自己的功課」，例如第二堂課：「一個人爬過了高山峻嶺，看過大山大水，跌落谷底時，想的不應該是如何在爬上巔峰，而是要思考自己要的是什麼，未來要過怎樣的生活。」第九堂課：「能喜歡自己和滿意自己，才是最重要的。」

樂觀奮鬥是一句好話

- 痛苦造就了我
- 我的命運我決定

對的事——正確的起步

有首兒歌〈再試一下〉，歌詞是：

這是一句好話，再試一下！
一試再試做不成，再試一下！
這會使你的見識多，這會使你的膽子大。
勇敢去做不要怕，再試一下！

遇到不順心的事，不要只抱怨上天不公平，
也不要逃避現實，而要設法找到足夠的方法脫困。

在還沒脫困或還有機會之前，
都可以樂觀、積極地「再試一下！」
千萬不要太快或太早放棄喔！

第一節　痛苦造就了我

遇到重大創痛，會出現的生理狀態是：涕泗縱橫、泣下如雨、泣不成聲、痛哭流涕。若得不到抒解，會嚴重影響身心健康，如：哀毀骨立（因悲哀而損壞身體，消瘦到只剩下骨架）、黯然銷魂（心懷沮喪、面色難看，彷彿靈魂離開了肉體）、摧心剖肝（極度悲傷痛苦，像是心肝斷裂剖開）、肝腸寸斷、五內俱崩（傷心得連內臟都破碎了）。

幸好不是每個人都會陷入悲觀、退縮中，許多勇者能自我超越，如尼采所說：**「受苦的人，沒有悲觀的權利。」**、**「那些不能殺死我們的，使我們更強大。」** 這些楷模是茫茫大海、驚濤駭浪中，使我們樂觀奮鬥的燈塔。

 **實境與解析**

2014年9月初，聯合報以〈沒手沒腳，她登上玉山〉這篇勵志報導，獲得台北市新聞記者公會主辦「一○三年度社會光明面新聞報導獎」的平面新聞報導獎及攝影獎。

2014年4月24日，二十歲的郭韋齊登上玉山主峰，她是沒有四肢卻能登上玉山的第一人。成功登頂的那一刻，她口含外公遺照，含淚告訴外公在天之靈，「沒手沒腳也能看得更高更遠！」十五小時的艱辛，為了登上玉山，她比常人多花了一倍時間。

七歲時，郭韋齊因為感冒引發敗血症而截去四肢，外公因而傷心過度中風，三年之後過世，成了韋齊心中永遠的愧疚。

郭韋齊走在滿是碎石的斜坡上，腳踩著三公斤重的義肢，移動時兩截大腿跟著破皮流血，只能不斷的纏緊繃帶，從白天走到晚上。最後一公里最難熬，她只能沿著巨石攀爬，但說什麼都不肯放棄。

☺ 面對「斷手斷腳」的事實

多年前，我從報紙上看到郭韋齊因生病而截去四肢的新聞，心理相當難受。她才七歲，跟我女兒同齡。後來因為協助她募款及解

決課業、升學等問題,我看到韋齊「超越想像」的進步。2015年,韋齊僅22歲,就獲得國內「十大傑出青年獎」。

韋齊能夠突破困境,最大的功臣是父母;他們一路帶領及陪伴韋齊,是最佳的啦啦隊及補給站。他們陪著韋齊爬大霸尖山、玉山,以及單車環島。

韋齊的媽媽是醫檢師,她曾懷疑女兒的悲慘命運,是醫生疏忽所致。疼愛韋齊的郭爸爸,更是傷痛得想一槍打死醫生。但看到韋齊的笑臉,撫慰了想自殺、殺人的郭家爸媽。郭爸爸想通了,他把韋齊的狀況看成「重生」。**郭媽媽則決定教導韋齊面對「自己的斷手斷腳」的事實,徹底學會不在意、不傷心,絕不躲在家裡當鴕鳥。**

從最初害怕聽到別人談論或詢問韋齊的狀況,一觸及別人同情或害怕的眼神就心痛。一次又一次勇敢面對後,**韋齊遇到小朋友嘲笑,已能讓他們看個夠,繼續做自己的事。郭媽媽要韋齊坦然向別人解釋自己的情形,**「我是因為生病,為了活下去所以才截肢。」不要韋齊將痛苦歸咎於人,更不要把自己當成「受害者」。

郭媽媽希望家長告訴還不懂事的小朋友,看到韋齊的模樣,可以有好奇心,但討論或批評的聲音小一點,並請父母試著向孩子解釋韋齊的狀況。有一次,郭媽媽聽到一對父母跟小朋友說:「那個姊姊是因為受傷,所以才失去手腳。」她走向他們,除了感謝也特地更正:「韋齊是因為生病才截肢的。」郭媽媽要韋齊學習面對及化解這些傷害,**直到聽別人談論自己沒有手腳,而不再傷心,甚至能微笑以對為止。**

韋齊不只要適應少掉四肢,病後還有其他後遺症,包括精神不好、上課時容易睡著、癲癇、呼吸困難、半邊身體無力等。更麻煩的是,當時生病造成「腦傷」,使她不能言語、智能退化、學習緩慢。國小及國中階段,都需要資源班特教老師的協助。但竟有家長

打電話給郭媽媽，要韋齊轉校，因為韋齊的學習遲緩，妨礙其他同學。郭媽媽雖然知道這些不公平的對待，對韋齊造成的傷害，但仍選擇誠實告訴韋齊。讓她學習處理，不要只是傷心、生氣以及怨天尤人，把自己埋在痛苦中。

😊 從「如此不堪」到「天天驚喜」

韋齊是一個很懂得抒解情緒的孩子，不愉快會找人訴苦（而且找不同的人），不僅不壓抑情緒，還能找到最好的答案。郭媽媽說，**為了幫助韋齊復建及學習，她做了很大的調整**。不用「忍辱負重」、「良藥苦口」的態度來教育孩子，相反的，應以快樂為目的。也就是說，**教育韋齊的最大原則，是「快樂的活著，不要想未來會怎樣」**。

多年的痛苦，使郭媽媽領悟，**唯有「活在當下」，不要一直寄望未來**。不必想將來會如何，想太多只會造成壓力與惶恐。「把握當下，不奢望明天」，才會對任何成果感到驚喜。如今，郭家父母覺得很快樂，因為韋齊天天給他們製造驚喜。郭媽媽想，從最初「如此不堪」，到今天「天天驚喜」，這樣的轉變實在好奇妙！

2011年，澳洲的力克·胡哲（Nick Vujicie）應伊甸基金會之邀，來台北小巨蛋演講，韋齊爭取到開場舞蹈表演的機會。郭媽媽希望**韋齊能學習天生沒有手腳的力克·胡哲，成為激勵人心的演講家**。這樣的願望韋齊已經實現了，她經常到監獄、學校做「生命教育」的演講。演講當中，韋齊還表演彈琴及跳舞，更加激勵人心。

郭家父母對韋齊很有信心，郭爸爸形容韋齊像一隻「鬥雞」；愈是困難的事，愈能展現能量而想突破它。韋齊的意志力及毅力十分驚人，她曾寄給我一篇很激勵的短文〈我與我的正向思考〉：

我告訴自己，沒手可以不需要剪指甲！

好笑的是，做壞事也不會被銬手銬！哈哈！但是無法綁頭髮！

沒腳的話呢？有人欺負我！我就用祕密武器——假腳一次給他踩下去！

隔天保證你瘀青！哈哈！

但是下雨天，我就要非常小心地滑，走樓梯也要小心。哈哈哈！

我們都要用正面去看待自己！就像一隻缺了一角的玻璃杯，

用另一個角度看它，還是完美無缺的唷！

只要肯努力，沒有你做不好的事。

人生最大的成就，是從失敗中站起來！

發脾氣只是短暫的發瘋！大家一定可以成功，只是早晚而已！

千萬別比較誰強、誰落後，可以用鼓勵或擁抱來相互加油。

大家都是從起跑點開始，往前跑，直到終點呀！

☺ 我們比很多人幸運

當我們以為自己是世界上最可憐的人，其實有許多人比我們辛苦，卻更知福、惜福。韋齊的重要貴人之一——榮獲金鐘獎與十大傑出青年的重殘者劉銘（陳鵲蓮、王瑞璋，2004），年輕時毛遂自薦取得廣播DJ的工作，後來娶了漂亮的老婆、生了可愛的女兒。**他常掛嘴邊的話竟是：「感謝殘障！」**

劉銘三歲時因高燒而小兒麻痺，只能靠輪椅代步，九歲至二十二歲都住在廣慈博愛院。重度殘障並沒有打敗劉銘，他踏入廣播界、拿下金鐘獎，組成「混障綜藝團」，幫助各種障礙者找到表演的舞台與工作機會。越挫越勇的劉銘，以自身經驗勉勵大家「**樂觀的人永遠有路可走**」，他說（2010）：

一個被醫生斷定只能活三十歲左右的人,如今度過五十歲的生日……我應該感謝那位醫師,若非他做了如此的「宣布」,又如何讓我能夠有所警惕,把握有限的生命,一天當成兩天來過,活出生命的光與熱……讓我能夠打破魔咒的兩樣法寶,是意志力與樂觀心態。

高雄有位高中老師劉秀芳,在報紙投書,表揚她勇敢的學生張育瑄(2010):

> 班上一個女孩子,罹患了全台灣只有三個病例的罕見疾病。她每天到學校上課,都要把雙腳浸在冰桶裡,才能抒緩疼痛,就這樣辛苦的讀了一學期。這學期上了一個多月之後,我突然接到她的電話,她哽咽的告訴我,她必須請長假了,因為肉體上的疼痛,已經無法允許她再坐在椅子上聽課了。
>
> 孩子近日雙腳的顏色,已由紅轉為紫再轉為黑,甚至必須到了要削皮的地步,連嗎啡都無法止住她的疼痛。但她都咬著牙挺過去了,因為有一個很大的動力支撐著她,那就是要回學校讀書,跟同學一起坐在課堂裡聽老師上課。

張育瑄也在部落格書寫自己的心情(徐如宜,2010a):

> 病痛造就了我,現在的我更珍惜剩下的人生。我知道我沒有悲觀的權利,我珍惜每個今天,我像海棉一樣每天都在吸收新知……感謝上蒼……在我身旁總有許多可敬可愛的人,讓我深深的覺得:活著真好!

然而,令人難過的是,2010年八月下旬(徐如宜,2010b),一心想要重回校園的育瑄,在繳完學費的次日,因手術感染而辭世。張媽媽要求參加告別式的朋友:「都不許掉眼淚,因為育瑄一輩子

都想帶給大家快樂！」

　　受難者通常不會用「放大鏡」來看待災難，他們知道這會使自己更沉溺於悲傷、痛苦中。他們不「**奢求**」災難不來或「**否認**」災難存在，只以「**樂觀**」的心態面對，設法「**起死回生**」。

　　樂觀是由後天學習的，遭受挫敗後「站不起來」，就會逐漸「變成」消極悲觀（有時自己也沒有察覺或自我否認）。悲觀的人雖沒有明顯的不快樂，但看起來無精打采、不積極，口頭禪是「沒用啦」、「沒辦法啦」、「算了吧」。樂觀或悲觀都是後天的生命經驗與學習結果，要設法避開「習得的悲觀」。

情緒與壓力管理練習

　　找出一個在身邊或新聞媒體報導的悲劇事件，與自己的狀況相比，是否覺得自己非常幸福。再找出一個在自己身邊或新聞媒體報導突破困境的故事，一樣與自己相比，想想自己無法改變現狀的原因。

第二節　我的命運我決定

　　生命中某些不可選擇的負面際遇，造成不可抹殺的印象，會使我們不快樂甚至生病。這時必須「情緒重整」，給自己重獲快樂及健康的機會。

 生命中不可選擇的痛苦

不可選擇的痛苦，可能來自家。我小學時因父母離異，我們四個孩子跟著臥病的單親父親辛苦過活。身為長女的我，自然得承擔照顧弟妹的責任。我用很少的錢買菜、做飯，總餵不飽弟妹的肚子。沉重的壓力使我經常胃痛（應該是心因性疾病或想博取關注），父親胃痛的狀況比我更嚴重。但因沒錢就醫，父親拖到胃出血了，才送急診開刀。

國中時父親再婚，我們為了不惹後母生氣，處處小心但仍動輒得咎。預期的甜蜜家庭不見，多半情景是後母「一哭二鬧三上吊」或直接離家出走。父親為了我們的安全（怕後母遷怒於我們），只能「打不還手，罵不還口」。在我考上大學時，父親與後母終於離婚了。爭吵不休的日子雖已不在，但我仍慣性擔憂，不相信自己可以擁有平靜與幸福。**展不開的眉頭，成了我的註冊商標。夢中變身為蝸牛，揹著沉重的殼而「寸步難行」。**

我不能選擇父母，不能影響他們的婚姻，不能決定自己出生的順序，只能「承受」這些生命經驗。正因如此，不必對自己不能改變的事情過度煩惱。常有人問我：「會不會怨恨母親拋棄你們？」這不是我可以選擇或決定的事，為什麼要誇大它的殺傷力？「恨」能讓我好過些嗎？

父親是個「情緒成熟」的好爸爸，在物質極度困窘下，仍以父愛讓兒女勇敢、快樂的活下去。他從未要我們恨媽媽，相反的，他一直設法維繫我們與媽媽的感情；讓我們與媽媽通信，安排與媽媽見面。這是單親爸爸的「情緒勞務」，使他在十分悲傷及身體極端不適的情況下，仍能控制情緒。不僅不唉聲嘆氣，而且更加樂觀開朗，把親職角色扮演得很好。在他的骨灰罈上，我們刻了「模範父

親」四個字；後悔沒在他生前，讓他獲此殊榮。

☺ 不讓受苦與悲觀產生「制約」

生活雖不愉快，我們一家五口從未喪失希望，反而更加知足，並「放大」開心的程度（爸爸說這叫「窮開心」）。一顆蛋、一條魚、一個芭樂，切成四份給每個孩子（爸爸總不吃，說以前吃過很多了）。過生日時，我們可以有雙層蛋糕（不過是畫在紙上的）。因為家貧沒什麼「好料」可吃，爸爸總能有技巧的提升食物的價值。例如邊煮綠豆稀飯邊描述它的美味，而且一定要在大家努力做完較繁重的家事之後再吃。

國中時，我代表班上參加全校作文比賽，題目是「樂觀奮鬥」。剛開始，我根本不懂題目的意思，只能顧名思義地說：何謂「樂觀」？為何要「樂觀」？何謂「奮鬥」？為何要「奮鬥」？何謂「樂觀奮鬥」？為何要「樂觀奮鬥」？就這樣一層一層地抽絲剝繭，加上舉自己的處境為例，愈寫愈覺得有道理。後來我得了第一名，從此就以「樂觀奮鬥」當成座右銘。

不少人過一天算一天，覺得一切已成定局，努力也是白費。不敢樂觀，以免陷入更深的沮喪與失望中。如何**找回選擇權，讓自己更正向、更有能量**？正向是指「多看事情好的一面」，例如班上、社團或工作，有人因健康因素或生活忙碌而拒絕分擔責任，你成為不能生病或最有時間的人，只得挑起擔子，同時做好幾人份的工作。表面上看來吃虧，如果培養出「超越自我」的能力及耐心，就是莫大的收穫。

正向思考的人，能將危機視為轉機、吃苦當作吃補。「欣然接受」（雖然很難）困難與挑戰，以積極的心態解決問題，感激一次又一次的成長機會。千萬不要執著「為什麼別人這樣對待我？」

「為什麼別人不肯做？」、「為什麼要我去做？」等不平衡的心態，只會使自己更不甘心、不愉快。《心靈療癒自助手冊》一書作者克里斯多夫‧科特曼（Christopher Cortman）及哈洛‧辛尼斯基（Harold Shinitzky）是從事治療工作的臨床心理學家，他們說（黃孝如譯，2014：34）：

> 心理研究專家早就發現一個現象，就是：快樂的人即使面臨失明或癱瘓等重大挫折，仍會是快樂的人；不快樂的人即使中了樂透或發大財，還是常感到不快樂。

這點我很有感觸，在我生命中非常親近的兩個人——我的單

胡鈞怡／繪

親爸爸及我的碩博士論文指導教授賈馥茗恩師，即使遭遇重大磨難，仍然能夠快樂。爸爸七十二歲因心肌梗塞「路倒」（昏倒在路邊），動完兩次心導管手術，在加護病房昏迷四十多天；清醒後雖不能正常言語及行動，但仍是從前那個樂觀的爸爸。雖然復健時會發脾氣，那是身體疼痛的關係，有這種情緒反應是正常的。其他時候，我們都很容易逗他開心，他常常咧開了嘴大笑（雖然無法有笑聲）。跟他溝通或開導他任何事情，他都聽得進去。

馥茗恩師於肺腺癌末期，選擇在家裡療養。在生命最後一個月，她的身體衰退及心理衝擊均極劇烈；尤其是身體的疼痛，根本難以忍受。但馥茗恩師不抱怨，無論再怎麼疼痛或心情憂鬱，她頂多說：「怎麼會變成這樣？」**即使重病，她仍能維持好風度、好脾氣及有禮貌，那就是她原本的修為。**

改變心態絕非易事，但若不能及早脫離「斤斤計較」、「你爭我奪」，發揮創意及幽默感，就不能突破「重圍」（原本的思考框架）、找到生機，徒然浪費了寶貴的人生。

有時，創造力及幽默感無法完全靠自己激發，要找良師益友或心理輔導人員「腦力激盪」；才能產生遠見與洞見，使「條條大路通羅馬」。自我逞強及隱瞞真相，許多「心病」就在這種狀況下惡性循環、愈演愈烈，也讓身邊的親友跟著受苦。

悲觀的人容易沮喪、退縮，因為無力感及挫敗感形成了「骨牌效應」。為什麼會沮喪？有些人因為「抗壓性」較差，之前順利、成功時沒有好好珍惜與自我更新，於是逐漸退步，就像「溫水煮青蛙」般慢慢死亡。或遭遇接二連三的失敗與不順利，亂了陣腳，找不到挽救或「止血」的方法。

 妥善照顧自己

林凡演唱的〈重傷〉（作詞：魯維孝／作曲：Adrian Fu）可知，如果繼續承受別人對我們的傷害，日子就會過得很灰暗。

> 愛那麼傷，傷那麼重，我不想，我不懂。
> 天那麼冷，心那麼痛，我承受。
>
> 一個人低頭，一個人祈求，太沉重。
> 我還要答案，我還要習慣，好困難。

Cortman與Shinitzky所著《心靈療癒自助手冊》提到（黃孝如譯，2014：202-203）：

> 在不得已的情況下，如果能與人保持適當的距離，就能增強自己的力量。……就算你無法改變、掌控或治癒別人的毛病，至少能好好照顧自己。

對於朝夕相處的愛人或配偶，有時更難清楚的判斷與行動，然而書中說（黃孝如譯，2014：204）：

> 親密關係也需要平等對待才行，但若你強化對方的不當行為，就等於授予他全部的權利卻喪失了自己的力量。

書中舉了一個丈夫酗酒的例子，妻子與其控制他喝酒的惡習，或不斷說教、要求他戒酒，不如以自己的立場表達感受（我擔心你喝酒傷身，以及你酗酒的行為令我傷心），並表示如果丈夫不戒酒，就不惜離開他。

要貫徹「不戒酒，就離開」，不僅在西方社會有困難，在東方

的傳統觀念下，更不易做到。不僅是夫妻關係，一般人際關係也要練習，例如老闆繼續用言詞羞辱你，你就該表達不惜辭職的堅定心意。

 情緒與壓力管理練習

你覺得自己是樂觀或悲觀的人？為什麼？有何影響？你想要怎麼改變？

相關學習資源

一、電影

希臘電影《月光提琴手》（導演：瓦西利斯・杜羅斯，2000）。

推薦理由：克里斯多的父母在他出生不久就離異了，為了撫養克里斯多，母親開了一家小吃店，但因忙碌而疏忽了克里斯多。

克里斯多罹患先天的視網膜萎縮症，因看不清楚黑板上的字而時常逃課。但他與父親一樣有音樂天份，所以大部分時間都到島上唯一的燈塔上，由看守燈塔的老爺爺教他拉小提琴。

新來的女老師為了克里斯多的逃學問題，而去找他的母親。偶然聽到克里斯多高超的琴藝而大感驚奇，於是希望他不再逃學，並且要他到雅典參加小提琴比賽，同時找高明的醫生治療眼疾。

克里斯多的母親極力反對兒子學音樂，因為她的前夫就是因此而遺棄了他們。有一天母親喝醉回家，竟情緒失控，將克里斯多的

小提琴砸碎，使克里斯多非常傷心。老爺爺將自己的小提琴送給克里斯多，以便他到雅典參賽。克里斯多去雅典時，也順便尋訪未見過面的父親。但父親已完全認不得克里斯多，親情全無。

克里斯多得到音樂比賽第一名，並獲得入學獎學金。他決定將這份榮譽與獎牌送給守燈塔的老爺爺，但爺爺已在他回來的前一天過世了。

音樂可以穿透任何怨恨與悲傷，即使檢查後知道克里斯多的眼疾凶多吉少，卻沒有讓他放棄音樂之路。縱然老爺爺無法親眼見到克里斯多贏得殊榮，但誠如爺爺所說：「不管克里斯多在何處演奏，我都可以聽到琴音。」

二、書籍

張瓅文譯（2016）。尼爾·史密斯（Neil Smith）著。《13歲的天堂》。台北市：悅知。

推薦理由：這是一個關於報復或原諒、敵人與朋友的懸疑故事。十三歲的男孩阿鬼，在校常遭霸凌。升上八年級的第四天，他遭到一名男孩的槍擊，死在學校的置物櫃前。但阿鬼醒來後，卻發現自己在天堂的醫院裡，這個名為「天堂」的小鎮，所有鎮民都是十三歲便過世的孩子。阿鬼在天堂遇到了同學強尼，他們是同一天在學校遭到槍擊的受害者，阿鬼當場死亡，強尼則昏迷多日後死亡。昏迷期間，強尼聽說槍手自殺了，於是他們決定在「十三歲的天堂」找到這個可怕的凶手，並讓他徹底消失。

在人間沒有朋友，恐懼與人接觸的阿鬼，在天堂卻得到朋友們的關懷與情誼，尤其強尼，是阿鬼最要好的朋友。不幸的是，大家也發現其實強尼就是殺害阿鬼的凶手，但阿鬼早已原諒他，他不想報復。

故事到了結局終於真相大白，其實是阿鬼遭受霸凌，但家人、

老師卻沒有幫助他。於是他帶著家裡的槍到學校打算自殺，強尼發現時要阻止阿鬼才遭到誤射。

　　這也是一個關於情感療癒的奇幻作品，述說一種獨特的來世概念。一個感人的故事，詮釋了友誼和成長的意義。面臨恐懼、不信任及孤獨的完美寫照，在短暫的一生中讓自己有所成長。

Chapter
12 克服時間壓力

- 時間管理的價值與訣竅
- 運用時間的技巧

對的事——正確的起步

我們都不喜歡被事情追著跑，

我們都不喜歡被別人反覆催促，

我們都不喜歡熬夜趕工，

我們都不喜歡臨時抱佛腳。

但又做不到早點開始工作、讀書。

總還是拖到期限之前才開始緊張，

結果又一次做不完、累壞了、真後悔的惡性循環。

真的不可能「慢工出細活」嗎？

當然可能！

只要你肯把腳步放慢，不再那麼急急忙忙。

才可能真正欣賞沿途風景，

真正享受工作或讀書的過程與樂趣。

第一節　時間管理的價值與訣竅

常有人問我：「怎麼有時間，做那麼多事？」在三十歲以前，我除了結婚、生子，還完成碩、博士學位。四十歲以前，我在大學專任教職、兼任行政主管，還完成教授升等論文。因為熱愛寫作，我已出版超過七十本書。我知道自己的野心稍大，加上處女座「完美主義」的性格，總想多做、做好。**但要取得「平衡」——身心健康、家庭圓滿，並不簡單，答案就在「時間管理」**。

讀博士班時，我因爲無法兼顧學業及幼兒，每天都「怎一個煩字了得」。我的解決對策是——將時間做最妥善的安排，白天專心讀書、寫論文，黃昏去幼稚園接回孩子之後，就變身爲媽媽、媳婦，且「晚上不讀書」。爲了兼顧博士班課業及照顧家庭，我放棄「全時工作」的大好機會（眞對不起老師的推薦），選擇成爲「全時學生」，以「兼職」賺取較少薪資。這樣的時間二分法，不忽略孩子的需求，又能達成個人夢想。事後證明，這個策略非常有效，希望也適合你。

☺ 時間管理不當的警訊

拿到博士學位後，我擔任大學教職並兼行政主管。兒子讀國中、女兒讀幼稚園，仍有兼顧家庭與工作的困境（尤其先生是職業軍人，週末才從高雄回台北）。隨著工作與家庭責任愈來愈重，某些生理病兆與負面情緒出現，警告我有不可拖延的問題。

1. **生理**：該睡不睡、該吃不吃，過勞、體力透支；總覺得休息不夠，天天都盼望睡個飽。即使如此，生病了還是硬撐，不肯好好休息。長久下來，身體開始出現小毛病，像頭痛、暈眩、胃痛、腰痠背痛、脖子僵硬等；繼續輕忽下去，可能生大病而嚴重影響日常生活。

2. **心情**：因拖延或工作成效不彰，加重心理負擔、缺乏成就感，覺得更倦怠。想逃避又不得不面對，變得焦躁不安，靜不下心來處理該做的事。對自己漸失信心，心情更加鬱悶、悲觀。

3. **人際關係**：家人之間愈來愈少交談或共同休閒，忙得沒有時間照顧小孩，配偶也經常抱怨就疏忽了他。不僅家人關係

疏離，一般人際互動也減少。不想與人打交道，不再關心別人。

4. **工作效率**：對自己的工作愈來愈不感興趣，很想放棄。因心思不寧、注意力無法集中，難以有效率的工作。

5. **別人的看法**：不論親人、好友、同事，甚至鄰居、剛認識的人，都會有意無意的說：「你看起來很累、臉色不好、眼皮浮腫、瘦了好多，要多休息喔！放輕鬆！不要繃那麼緊！你做太多了，把握重點就好。」

權衡與取捨的結果，2004年初，我決定辭掉大學教授的專職，選擇成為「自由工作者」（等同放棄退休金）。如今依然很忙，但時間運用的方式進化了，較能「為自己而活」。

以我而言，曾有哪些原因造成時間管理不當？要如何把時間管好？大學時代，我以「手腳俐落」與時間賽跑，尚足以應付課業、社團、家教及參與演講、辯論比賽等多頭馬車的日子。研究所時代，我以精確的「時間單位」，做好每一件想做且必須完成的事。到了博士班，我才真正開始學習「時間管理」。白天送孩子去幼稚園後，大約有九個鐘頭可以讀書、寫博士論文。晚上接回孩子到第二天清晨，就「專心」陪伴孩子。

時間管理之外，向人求助及聽從高人指導，也是有效的「安心」策略。馥茗恩師教我了一招看來「土法煉鋼」，其實很有效的「自我暗示法」。寫下「不要緊張」四個字，貼在書桌醒目的地方。**因為情緒管理得當，我沒有在拿到博士學位後，心情一鬆懈就大病一場。**

☺ 時間管理的正確觀念

擔任「生涯規劃與時間管理」課程時，常有學員問：「怎樣才能兼顧工作與家庭，避免蠟燭兩頭燒？」（大多是女性）許多人想好好休假，也感嘆「三天兩夜的小旅行」都不可得。

一般人容易被緊急的事追著跑，很少「判斷」事情是否重要，或是否值得花費時間與心力。愈是忙碌時愈要冷靜思考，並非所有事情都一樣重要。平時就要訓練這種判斷力，**清楚排出事情的先後順序。不需快快做完「所有的事」，而是保留足夠時間做「重要的事」**。許多人因為習慣不佳，總拖到「截止期限」才趕工。「時間壓力」促發濃厚的焦慮，反而影響工作成果。

要預防焦慮就須好好檢討，「為什麼總被時間追著跑」？若因事情太多，則要設法「刪去」不必要的事，改掉「包山包海」的個性。若因工作複雜、需要較長時間完成，保險的做法是改變工作方式，也就是及早動工、分散完成。不少人習慣說：「沒壓力沒動力」，其實壓力只是逼你把事情做完，不能把事情做好。常聽學生期末考時抱怨：「昨晚熬夜到三點還是沒讀完，頭腦昏沉也記不住。怎麼辦？」好像遭到迫害，忘了自己就是「加害人」。

不少「似是而非」的時間管理觀念，需調整或屏除，如：「時間管理是為了延長工作時間」、「時間管理是為了做更多事」。「時間管理」似乎是「特異功能」，能使人精神奕奕、生龍活虎，完成一件又一件的工作，能夠「長時間工作」。其實不然！**熬夜、拉長工作時間、剝奪休閒時間，企圖以長時間換取高效率，都是自欺欺人、自我安慰的錯誤做法**。人的體力、心力超過極限，「硬撐」不僅效率遞減，還會明顯破壞工作心情。表面上多賺「幾小時」，實際上失去更多。

　　錯誤的時間管理觀念以為：有了時間管理，就不怕事情排山倒海而來，能夠一心多用、同時完成。然而，人的心力難以容納過多且無止盡的負擔，若將時間全用在工作，成了超人、工作狂，不僅生活無趣，而且可能因「過勞」而生病。工作狂更需要學習時間管理，才能革除先前的錯誤習慣，如：工作時間太長、忽略休閒活動、自我壓力太大、事必躬親、獨立作業等。**要認清自己的極限，不把事情都往身上攬，才不會弄得筋疲力竭，變成諸葛亮所說：「鞠躬盡瘁，死而後已」。**

　　時間管理是為了做完「應做的事」、負責任，有更多時間做「想做的事」及實現夢想，且維持身心平衡。所以正確的時間管理觀念是：

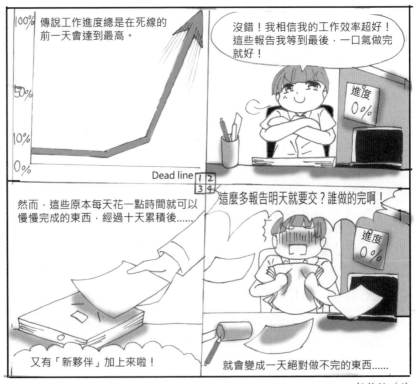

胡鈞怡／繪

一、判斷緩急輕重，時間只用在重要的事情上

時間只用來做「重要的事」，且步調不鬆不緊、恰到好處。時間管理的正確觀念，首在確認哪些是生命中重要的事，這就值得花一個下午、一個晚上或一整天、好幾天，在一顆大樹下、一片草原中，或對著滿天星斗認真思索。以我而言，是寫更多的書、更多場演講或更多的授課？還是好好運動、親近大自然、多和兒女及丈夫談心、認識更多好老師與好學生？答案是後者。**不僅要確立時間運用的先後順序，更要隨時調整生活的步調；不慍不火、不疾不徐，才能跑好人生的馬拉松，欣賞沿途的美景。**

二、準時、守時

「差不多先生」的性格，反應在時間管理就是「不守時」。如：吃喜酒、開會、上課、約會時拖延十幾、二十分鐘才到達。惡性循環之下，「準時」的人愈來愈少。浪費時間所造成的損失，將使個人與整體效能日漸低落。上課遲到五分鐘，一天八節課即少了四十分鐘，接近一節課。不守時的延伸是「拖延」，許多重要的工作就如「骨牌效應」般拖垮。東拖西拉的人不可能悠閒度日，因為該上的課、該完成的工作，都因趕工而草率、慌張，致使工作成果及生活品質欠佳。

準時、守時才是正確的時間觀念，凡事提前、分段進行最為保險。以上課來說，上課鐘響之前抵達教室。以工作來說，提早動工才能「慢工出細活」；分段完成，更能享受工作的成就與樂趣。**現代人常說壓力大，往往因為該積極的時候懶散、逃避，該從容時又緊張、趕工所致。**

三、我是時間的主人，而非時間督促我

許多人「不敢」或「不願」時間管理，因為誤解「幾點幾分做什麼」，會讓時間追著跑。或覺得在「時限」壓力下工作，最有動力。實情往往不盡如人意，受到內、外在的干擾，大多數人無法在時限內完成工作，還耽誤到下一件事。

有人則是時間規劃之後，因為無法按照預定的安排進行，覺得十分懊惱。其實，計畫與實踐之間，本來就有差距，「實踐」後可以「修正」。計畫時往往高估自己，以為可以在某個時段內做完某件事；未將個人目前的能力、身心狀態（疲倦、睡眠不足），以及其他干擾因素考慮在內。時間規劃本該有彈性，與原計畫有差距時即需調整，不必過於自責或抱怨別人的「打擾」。為了持續進行「時間管理」、獲得最大益處，不要給自己太大的壓力。只要做到一點點，感覺效率提高了，就要給自己鼓勵。

所以，**時間管理的問題，不在於有沒有時間或時間的多少；而在於是否懂得珍惜及運用寶貴的時間，活出生命力。**

第二節　運用時間的技巧

要運用時間，首須找出哪些時間被浪費了，然後學習時間安排與規劃。除了去除時間管理的干擾，還要養成生活規律及環境整潔的習慣。

😊 找出浪費時間的原因

諸多因素，讓我們浪費或忽略時間的價值，如：

1.**不懂得拒絕**：爲了人情、虛名、物質利益，「被迫」答應某些自己不想做的事。其實那不是被人強迫，仍是自己的選擇。

2.**不能判斷事情的緩急輕重**：常浪費太多時間做可有可無或「緊急卻不重要」的事。若不能排出工作的優先次序，就常「因小失大」、「得不償失」。

3.**事必躬親**：不懂得分工、授權、協調、合作，結果樣樣自己做。或因不信任別人，非要親自動手不可。尤其身兼多職，更會分身乏術。

4.**想做的事太多**：不懂得割捨，貪多勿得、欲速不達。因爲個人的時間、心力有限，不可能什麼事都做。

5.**不能掌握重點**：說話簡明扼要，才能吸引別人聽。生活安排也一樣，要有先後次第，免得白忙一場。

每個人都要找回自己「浪費掉」的寶貴光陰，遇到事情不要輕易承諾，要給自己一些時間想清楚。真正重要的工作，才有足夠的時間去做。團體的事務須分工及授權，不要怕麻煩及擔心人際衝突。與「全部由自己做」相比，「與人溝通協調」花費的時間少得多，而且團隊成效往往大過個人。

☺ 學習時間的安排與規劃

時間管理的技巧，是指時間的最佳安排與規劃，如：

一、清楚自己的短、中、長期目標，以及行程規劃

我們常覺得事情好多，卻未釐清哪些事該做、哪些事不必做。也未好好安排工作的次第，及正確估計各項工作所需的時間。須學習如何安排行程，每日行程的安排較具體、細密，短、中、長期的規劃則是較長時間運用的藍圖，包含一段較長的假期（寒暑假）、一學期、當年度、三年、五年。**不論未來是否能夠預測或掌握，仍須有計畫及方向，不可「順其自然」、「過一天算一天」。**

二、「今日」的時間安排，等到當天再來規劃

每天需花些時間做「今日」的時間安排，才能依序完成工作、減輕心理負擔。**今日的時間安排，在當天早上進行即可，不需要提前一天。一次規劃半天即可，**不必規劃一整天。所以，可以分上午、下午、晚上三段規劃；較符合實際狀況，執行率及成功率較高。若覺得前一晚規劃好明日行程，可令自己安心，也未嘗不可，但當做「草案」即可。因為時間管理不是紙上談兵，更要考慮可行性。企圖為下一週做精密的行程安排，就不切實際、失敗率高。

所謂今日行程或時間規劃，不是被動的依外來事件分配時間，也不能把「大塊時間」（一、兩個小時，甚至一個半天）用在一、兩件事情上。需將預定完成的事情，分別放入各「單位時間」內。此處「預定完成的事」，並不只是工作，也包括運動休閒及人際相處。

三、找出最適合自己的「單位時間」

「單位時間」是指一次工作的時間，基本上以「半小時」為一個單位，最多不要超過一小時。做完某項作業或工作估計需要兩小時，可分成二至四個時間單位來完成，並與別的工作交替進行。例如，A、B兩件工作各需兩個小時，則可將四小時拆成八個時間單位，以「A1-B1-A2-B2-A3-B3-A4-B4」的順序進行。連續兩小時A工作的方法，並不理想。時間過長效率遞減，遇到的干擾也較多。再者，做完A之後，往往造成B的時間不足，體力及心力也較枯竭，常會因此放棄B或草草了事。

需要較長時間的工作，最好分段進行，避免「一氣呵成」；這樣會增加壓力，「品質」也較差。另外，若能從較困難的事情做起，可以「先苦後樂」，快速減輕壓力。

我從事時間管理超過二十年，每天均會進行時間計畫；將今日工作依緩急輕重排出先後順序，愈重要且困難的事愈排在前面；需要較長時間的工作，則分段進行。每次只規劃半天（四個小時、八個單位時間），下半天或晚上再做時間規劃。以我擔任主任職務為例，上午會這樣安排：

8:00～8:30	雜事（澆花、泡茶、整理桌面、排出工作順序）。處理完雜事，心情會更安穩。
8:30～9:00	公事。將公文及簽呈等公事，列為第一優先。
9:00～9:30	準備上課資料。教學是本份，所以「備課」要排在優先位置。
9:30～10:00	新書寫作。一本書至少十萬字，每天筆耕一兩百字也好。
10:00～10:30	公事。如果公文太多一次批不完，可分段完成。

10:30～11:00　新書寫作。寫作也應分段進行，若覺得一次寫半小時太短，可規劃兩個單位時間，一次寫一個小時。

11:00～11:30　與學生會談。不論先行預約或學生臨時前來，只要不是立刻要上課或開會，解決學生問題也要排在較優先位置。

11:30～12:00　看新書。教書的人要多讀書，可排在接近中午休息時。

12:00～12:30　午休。經過一早上工作，休息三十分鐘是有必要的。

12:30～13:00　午餐。休息過後再用餐，是較健康的生活方式。

除了規劃每日的行程，每週、每月、半年、一年的工作負荷，也需有清楚的瞭解與掌握。將負荷量控制在體力及時間的限度內，千萬別逞強。可設計「週計畫表」，將一年分為五十二格，每格填寫當週預定完成的工作要項。

避免盲目的忙碌，得靠每日「時間管理表」（如本章附表）或行事曆等工具，**將預定行程及當天要完成的工作，確實標記，以免遺漏要事或導致行程衝突。**

四、隨時修正與自我激勵

如果不能依照原先的時間計畫進行，不必感到挫折，這是正常現象；但要找出干擾或中斷的原因，並調整心態。如：

1.其他事情的臨時加入：這是正常的，事情如果非常重要且緊急，總不能拖延或讓別人等候。

2.身體不舒服：身體不舒服確實會影響工作效率，此時就要對

自己寬容些。如果經常身體不適而「拖延」工作、學業及必須處理的事，就要徹底「根治」，分析自己「逃避」的原因。

3.高估自己：初學時間管理，常誤以為它是增強效率的萬靈丹，希望自己一下子變成無敵超人。此時要將目標「向下修正」，趁早接受自己的「有限性」。「目標」只是自我激勵的指標，達不到也沒關係。

總之，**時間管理是嘗試錯誤的過程；不斷修正及自我激勵，才能找出最適合自己的模式，不放棄就有成功的希望！**

☺ 去除時間管理的干擾

「干擾太多」是時間管理失敗常見的障礙或藉口，說它是「藉口」，是由於不少人常以「身不由己」當作「不可能」做好時間管理的藉口。覺得自己的時間都被別人「剝奪」，難以依原先計畫進行。一天下來，根本沒多少自己的時間。其實，這樣的想法出現三點謬誤。第一，別人需要你幫忙，這並非額外的「干擾」。第二，如果忙得團團轉、力不從心，正是時間管理不當的「警訊」。第三，正因為自己的時間幾乎被剝奪，正常的工作也無暇顧及，才表示你需要時間管理，要趕快「找回」時間的主控權。方法如下：

1.**調整工作習慣，爭取更多時間**：通常「別人」及「電話」（或「訊息」）的插入，造成的干擾最多。所以，工作若被「打斷」，應先釐清對方的事情是否重要或只是閒聊？是否那麼急迫或可緩一緩？是否需要親自出馬或可交由別人處理？

2.**建立自己或團體共同的「專心時間」**：「專心時間」是指絕對安靜的時間，這段時間不能被隨意干擾。另外，建立「預約」制度，使別人學習尊重你的時間，不隨意打斷。

3.**改變打電話或聯絡的習慣**：有電話或訊息要傳達，最好每半天集中一兩次「通訊」時間，不要一直回覆或發布訊息，無法專心投入工作。

4.**做任何事均需「預定時間」**：不論與人談話、打電話或傳送訊息，都應預定及控制時間；而非將個人的時間「任人宰割」。

☺ 養成生活規律及環境整潔的好習慣

生活規律是指每天睡眠、用餐、休閒、工作，均有固定且正常的時間安排，**「固定」才能形成規律，「正常」才能符合常態的步調**。現代人的生活作息常不固定、更不正常，以致破壞了生理時鐘。該吃的時候吃不下，該睡的時候睡不著，該休息的時候無法放鬆，該工作的時候又提不起精神。因為時間安排不正常，如：晚餐與宵夜一起吃、該起床的時間才睡覺、熬夜等。或想到什麼就一鼓作氣往前衝，不累垮絕不停止。這種異常行徑，使生活秩序大亂，身心狀況脫序。

「整潔」亦屬生活秩序的重要部分，東西亂放、未定位，不僅找東西、拿東西浪費時間；還會造成思考的惰性，變得沒有條理，做事失去章法。**要維持環境整潔，與其大掃除，不如平時養成隨手清理的習慣**。如：吃完東西隨手清理桌面、餐具，立即把垃圾清走。回到家從放鞋子開始，將所有衣物一一歸位。求學或工作的課業及公文，都有一定的擺放位置；起床就疊被子、浴後清理浴室等。環境「淨化」之後，才會產生美感與品味，過更高品質的生

活。

　　真正的時間管理達人，不會變成工作狂、夜貓族，反而從容不迫。能夠早睡早起，過「正常生活」。生活中該有的一樣不少，還有時間花在其他更有價值的事物上，如：維護身心健康的運動、拓展視野的休閒旅遊、與家人的親密相處、心靈成長的進修、從事對社會有益及關懷別人的公益活動等。

　　既能神清氣爽、心平氣和，又不失積極進取、熱忱親切。**常提醒自己「慢半拍」，爭取這「半拍」時間思索人生方向。絕不願東晃西盪，浪費一絲時間。**懂得善待自己，也有能力善待別人。總之，是時間的主人，將時間的價值發揮到極致；是生命的主人，將生命的價值表現得淋漓盡致。

　　成功人士都很擅長分配時間，例如，日本管理學大師大前研一出版《OFF學——會玩，才會成功》（2006，天下出版）一書，主張「下班後的生活，決定競爭力」。我國不少企業家深獲啓發（陶福媛、鄭朝陽，2008），奇哥董事長陶傳正充分授權，所以能安心演舞台劇、到電台當DJ，行腳天涯。他不鼓勵員工加班，五點半就下班，六點鐘公司就看不見人了。精品陶瓷「法藍瓷」的總裁陳立恆，下班即寄情音樂創作及彈琴，花了六百萬打造樂團練習室。

　　二十世紀以後，因科技發達，從前消耗許多時間的工作，如：洗衣服、生火煮飯或燒洗澡水、從井裡打水或到河邊挑水，都簡化到只要一個「按」或「轉」的動作。交通工具及通訊設備的發達，讓我們「朝辭白帝彩雲間，千里江陵一日還」，節省許多往返的時間。然而，**人們並未因時間變多而輕鬆，反而抱怨沒有時間。失去與家人、好友秉燭夜談、觸膝長談的閒情逸致**，品嚐不出庭院賞月或樹下小寐的「菜根香」。按照《重新發現時間》一書所說：「我們從來也不曾像孩兒時那麼的有空閒、什麼都感覺新鮮、懂得做夢、訝異又全部忘記，以便好好享受現在。沒有過去的重量，也不

用擔心未來。」（頁98）

如果確定所追求的是自己想要、值得實現的人生目標，那麼，一定可以成為一個「有福的忙人」。但還是要自我提醒：**「健康就是財富，少了健康，實現理想就成空談。」**一定要好好保養身體，保持身心健康與平衡，才能「細水長流」。活得愈久，自我實現愈多。

若平時過了凌晨才睡，可提前十五分鐘、半小時上床，七小時後則「一定」要起床，不可縱容自己「賴床」，慢慢就可恢復正常的生理時鐘。運動方面須找到自己喜歡且可行性高的方式，每週三次以上最佳，只要不中斷，慢慢就會迷上運動，像吃飯一樣，不運動還不行呢！

成功人士大都早起，至少比上班時間提早兩小時。「早睡早起」要從「起床」開始，若從前上午八點起床，可試著提早至七點半，情況穩定後，再往前推至七點、六點半起床。訓練早起並不容易，但絕對值得；不僅可恢復生活的規律性，使身體變好、工作效率穩定，而且會覺得時間變多，工作成果增多。

「早起」的「幸福值」特別高，會多出許多時間做「想做的事」，正面的感受也更深刻，例如：

- 早起讀一本好書，會讀得特別順及更有感觸。
- 早起喝一杯咖啡，會覺得特別香及更有活力。
- 早起吃一根香蕉（快樂食物之首），之後再從容的吃早餐。
- 早起上個大號（排泄最佳時間為早上七點前），身體特別輕鬆、健康。
- 早起做一些工作或課業，會覺得更清醒、更有好點子。
- 早起跟家人或夥伴一起吃早餐或運動，更增人際關係與親密感，一舉數得。

「早起」是我學習時間管理最「有感」的收穫，我極力推薦。撰寫教授升等論文時，我在文化大學任教，且兼學生輔導中心主任。最初我採用「過勞法」——熬夜爭取寫作時間。結果因睡眠不足，工作、論文及照顧家庭都做不好。有位朋友建議我改為晚上九點半與女兒同睡，睡足七小時後，清晨四點半起床寫論文，寫到六點半準備上班。**早起兩小時，成了高效的寫作時間。因為很珍貴，寫起來特別有靈感。**

理想的生活並非遙不可及，只要你不再重複〈忙與盲〉（作詞：袁瓊瓊、張艾嘉／作曲：李宗盛）的生活：

忙忙忙，忙忙忙，忙是為了自己的理想，還是為了不讓別人失望。
盲盲盲，盲盲盲，盲的已經沒有主張，盲的已經失去方向。
忙忙忙，盲盲盲，忙的分不清歡喜和憂傷，忙的沒有時間痛哭一場。

世界名著《飄》（*Gone With the Wind*）改編成電影《亂世佳人》，當中的女主角郝思嘉（Scarlett O'Hara，費雯麗飾演）在片尾說了句名言：「明天又是新的一天。」（Tomorrow is another day.）

若以睡眠來說，睡個飽覺就可證明「明天又是新的一天」；睡飽的你會覺得思路清晰、行動敏捷、更有活力，心情也更樂觀。怎樣才能正確的睡飽？從早上睡到晚上？週休二日大睡一場？或白天找到時間補眠？都不是！這樣只會破壞生理時鐘，造成更嚴重的失眠。

正確的睡眠絕不是多睡或晚起，而是有足夠及正確的睡眠時間。當然得先調整晚上的作息方式，太晚回家就會拖延上床的時間。所以，要好好衡量目前晚間的活動，是否必要及如何取捨。先做到提早回家，才可能早點上床。

很多人苦悶事情太多、時間太少，其實是做事態度及方法不對。**正確的做法是提早在「有時間」的時候，將事情先做完或多做些。**可惜一般人有空時就享樂，把自己置入「放鬆模式」。休閒固然重要，但「有時間」不等於全是「休閒時間」。

☺ 「有效時間管理」的地基

不要讓自己忙得透不過氣，以免心浮氣躁、不耐煩。「太忙」通常是方法不對、熱心過度，或是不能信任別人。「實質時間」（一天二十四小時）不會變多，但**對的方法能使時間變多**，例如：

1. **熟能生巧**：先花時間學好某些事情，等熟練或「得心應手」（自動化）之後，速度自然更快，心情及成果也會較好。

2. **果決、當機立斷**：把握重點，儘快做出決定（當機立斷）；不要猶豫不決、出爾反爾。鼓勵自己先動手，之後再來修改。不要因想做得更好，而一再延後「開工」。

3. **逮捕時間小偷**：愛遲到、愛聊天、不守信用、愛指使或拜託別人做事、愛抱怨、不速之客等，他們會侵蝕你的時間及鬥志。有些人過度依賴或強迫你幫他做事，勉強答應將使對方得寸進尺，以後更難拒絕。

4. **追求卓越**：一開始就要抱著把事情做好且精益求精的態度，才能承受過程中的「考驗」，獲得自我肯定的持久快樂。

以下即是建築時間管理大樓的堅強地基：

· 千萬不要犧牲睡眠、休閒、家人關係，這些才是生活起勁的源頭。

· 每天一大早應做「時間計畫」或列「工作清單」，排定工作

的先後順序。

· 講究工作方法、程序，善用「團隊力量」。

· 檢討自己的身心疲憊與罪惡感的程度，程度愈高愈消耗你的
精氣神。

· 事情太多時應冷靜思索及取捨，學習自我負責及不抱怨的人
生。

· 不要浪費或小看「零碎時間」，積少成多、滴水穿石。

· 多看時間管理相關書籍，才能融會貫通，為自己「量身訂
做」。

 情緒與壓力管理練習

開始計畫，逐步清理你的書桌、抽屜、書架、衣櫥，還有其
他堆放很久，已經完全不知道是什麼東西的「黑洞區」。

情緒與壓力管理

附錄　每日時間管理表

	年　　月　　日（星期　）	
8：00		15：00
9：00		16：00
10：00		17：00
11：00		18：00
12：00		19：00
13：00		20：00
14：00		21：00

【今日最重要的事】

相關學習資源

一、電影

日本電影《海鷗食堂》（導演：荻上直子，2006）。

推薦理由：《海鷗食堂》描述日本女子幸惠遠去芬蘭首都赫爾辛基開設食堂的故事。幸惠開店一陣子，生意都冷冷清清，直到陸續認識幾位同樣選擇「出走」的朋友：精通日文但朋友不多的芬蘭青年湯米、害怕落單的寂寞日本女性小綠，以及在芬蘭丟了行李的正子等，生活才有了不一樣的面貌。看完電影後，會想重新調整生活態度，學會用更多耐性與寬廣的心，包容與接納生活的挫折。

幸惠和正子不解：「芬蘭人看來都很安詳安靜」，一旁的湯米回答：「因為我們有森林。」正子聽了，立即去森林找尋「平靜的心」。回到食堂後，幸惠和小綠問她有沒有摘野菇，她說本來採了很多，後來全丟掉了。這象徵著人心滿足，就不需要緊抓什麼不放了。

《海鷗食堂》像是一篇輕鬆易讀又具療癒效果的散文，有的是「隨遇而安」的寬大。不只接受自己的過去，也原諒與體諒他人的過去。後來「海鷗食堂」做出了口碑，客人越來越多。幸惠、小綠、正子也都找到了自己想要的生活，一起經營這兼具日本傳統、芬蘭人也喜歡的食堂。

二、書籍

角田光代（2016）。《今天也一直看著你》。台北市：聯合文學。

推薦理由：不論你是否喜歡貓狗，透過得到多次文學獎的作者角田光代生動親和的描述，你也會對著寵物「今天也一直看著你」。全書是以第一隻走入作者人生的貓咪「豆豆」為主角，牠不

斷帶來驚喜，讓作者看到了另一個溫暖甜美的世界。不論你是愛貓族或非貓族，都能從書中體會人與寵物間的關係，是什麼原因讓人因為貓的喜怒哀樂而心情起伏？在牠生命的最後一刻，用淚水感謝牠的陪伴，祈求自己不要忘記從牠身上學到的愛。

家庭與職場的情緒教育

- 家庭的情緒教育
- 職場高EQ

對的事——正確的起步

「我的家庭真可愛，整潔美滿又安康。
姊妹兄弟很和氣，父母都慈祥。」——甜蜜的家庭

但，為何有的家庭卻髒亂、冰冷、不圓滿？
家人間不是像陌生人、就是像仇人，
一碰面就大吼大叫或「濫用沉默在咆哮」。
在這樣的家，怎可能心情好呢？

辦公室也是如此，老闆、客戶都兇巴巴，讓人真不想上班。
大家卻責怪我抗壓性太差、動不動就換工作，
難道我只能忍受，戴著面具過日子？
但我不想這樣下去……。

☺ 第一節　家庭的情緒教育

　　情緒發洩是孩子發育的一個階段性現象，因為邏輯思維能力沒有同時發展，或發展腳步跟不上「自我」意識的膨脹。當小孩覺得「自我」要求沒有得到滿足，又不知如何表達不滿，或不懂如何解讀自己的情緒時，就本能的使用激烈方式宣洩不滿。

　　父母要耐心引導孩子，幫助他認識自己的情緒，同時教他如何表達自己的要求和控制情緒。如果發現孩子超過四歲，仍動不動就大吵大鬧，甚至變本加厲，就要特別注意。回想一下最近家裡是否

有較大的變故，檢討父母本身對待孩子的方式，必要時帶孩子尋找專家的幫助。

　　孩子在公眾場合發脾氣是否正常？常見幼兒「有情緒」時，父母不知所措，或強迫孩子不准表現。若孩子無法「立刻」收住眼淚及哭聲，父母的臉色就很難看，甚至當場處罰孩子，或將孩子拖到一邊責罵。如果孩子僅是分不清場合，這是正常現象，因為只有大孩子和成年人會擔心在公眾場合丟臉。爸媽要冷靜，可以把孩子帶到外面，在保證安全的情況下，讓他發洩，之後再跟他講道理。或者直接回家，取消今天的活動，做為孩子不當行為的懲罰。

　　遇到子女無理取鬧（或真有委屈），父母若不明就裡而以暴制暴，會使孩子模仿，變得跟父母一樣「自以為是」。父母不顧小孩自尊，在大庭廣眾下破口大罵甚至體罰，不僅使孩子心理受傷，日後會更加防衛、反抗，甚或遷怒、欺負弱小。有一次我看到一位母親帶著兩個小女兒，妹妹向母親告狀姊姊打她的頭，媽媽毫不遲疑地立刻打了姊姊的頭，並大聲斥罵：「跟妳講過多少次，不准打妹妹的頭！」小姊姊被打後，趁母親一個不注意又狠狠敲了妹妹的頭，妹妹哇哇大哭，媽媽則再更用力地打姐姐的頭，「冤冤相報」勢將沒完沒了！

 情緒與壓力管理練習

　　觀察一下周遭的親子互動，幼兒哭鬧時，父母通常怎麼處理？父母可能說：「數到三，把眼淚收起來，不要讓我聽到任何聲音。你就是這樣不乖！以後再也不帶你出來了。你看弟弟有多乖，你就不能做個好榜樣嗎？還哭！再哭我就不要你了，讓你一

個人在這裡哭，讓警察把你抓走關起來。」或者說：「不哭！不
哭！好啦！我們去買……，最後一次囉！家裡已經很多了，買回
去你還不是一下就不玩了。我真拿你沒辦法！走吧！去買！」

再想想以前你的成長經驗，同樣的情景你的父母會怎麼做？
或你覺得怎麼做比較好？

對小孩來說，情緒發洩可能是一種「操控行為」。羅賓‧葛薩
姜（Robin Casarjian）認為（祝家康譯，2011：40）：

> 如果三歲的小孩藉著哭鬧不休、舉止頑劣，才能獲得他所需的
> 關注，他很可能不自覺地就此認定，唯有操控別人，才是滿足
> 自己需求或渴望的不二法寶，如此一來他便發展出「操控者」
> 的次人格。

健康的人格在成長過程中會發展出種種「次人格」，次人格在
童年時期逐漸成形，不好的次人格若未得到轉換，就會帶到成年；
不管年紀多大，都會重複類似兒童的幼稚行為（祝家康譯，2011：
40）：

> 童年的經歷越是不安、越是痛苦，成長後就越容易認同生氣、
> 憤怒、不安、羞愧、罪惡、失望、無力感……等等這些源自「恐
> 懼」的感受。

> 我們挾著「不安的次人格」或「憤怒的次人格」，用那些既扭
> 曲又狹隘的觀點與周遭的人與環境互動，久而久之，在失望和
> 受傷時，也就只會大聲咆哮或斥責身邊的人。

長大後，若是不順心就咆哮或斥責別人，就可能是童年時某

些缺憾所造成的「次人格」。「次人格」並不等於真正的我,應設法「掙脫」(不再受制)。羅賓‧葛薩姜建議(祝家康譯,2011:45):

> 透過自我覺察,我們得以退開一步,正視那些正在興風作浪的次人格。……觀察自己是如何被沮喪與憤怒所困,同時體驗一下,在同樣的場景中,你仍舊可作不同的選擇。這一選擇會讓你體驗到,自己的生命絕不限於你此刻所感受到的情緒、角色或信念。

負面情緒首先操縱到的是自己,若不能掙脫,將使你走向悲劇

胡鈞怡／繪

之路。想用糟糕的情緒威嚇別人，使人因為害怕而服從你，卻一點也不喜歡你，有機會就想躲開你。為什麼要把場面弄得如此難堪？脫困的良方是自我覺察，相信自己能重新做出對的選擇。

 家庭暴力的陰影

如果孩子發脾氣時，超過一半次數伴隨暴力行為，家長更要重視。**父母需先反思自己平時有否丟東西、打人的現象，使小孩有樣學樣**。如果家長調整了自己的行為，也在孩子平靜時跟他好好講道理，孩子還是經常發脾氣及打人，那麼可能有更深層的問題，需要兒童心理專家評估。

實境與解析

報載（郭宣彣、簡慧珍，2016），彰化縣江姓工人與徐姓妻子結婚六年來，常在酗酒後毆打妻子。妻子無法忍受長期家暴，遂在丈夫的雞湯內下「安眠藥」，在丈夫昏睡後用棉被將他悶死。兩人婚前同居時，江男即曾打她致嚴重受傷，但因有身孕而決定隱忍。

江男做綁鋼筋等粗活，月入最多三萬多，被列為中低收入戶。江男工作不如意就回家喝悶酒，酒後丟東西、打罵徐女出氣。徐女發現次子學爸爸丟東西發洩情緒，暗中決定離開江男。

兩年前徐女曾報案求救，但顧及婚姻關係，從沒聲請過保護令。殺死江男後，徐女打電話報警自首。警方抵達時，兩名幼子不知父親已過世，童言童語地問「爸爸在哪裡」。之後，孩子會交由社會處協助安置。

許多人以為脾氣是「天生的」、無法克制,但任由情緒宣洩的結果,可能發生肢體或言語暴力。即使事後道歉,傷害已經造成,還可能殃及無辜。以「家庭暴力」來說,「無辜者」可能是未成年的兒女。**父母爭吵常「遷怒」於子女,或子女「目睹」父母爭執、施暴,造成難以抹滅的心理陰影。**日後不僅容易擔驚受怕或懷恨在心,還可能對其他人施暴或變成受暴者。

內政部定義「高風險家庭」是指「家庭成員關係紊亂或家庭衝突:家中成人常劇烈爭執、互毆、揚言報復。」**「目睹兒童」(已申請保護令、住院治療、毆打頻率高)也列為輔導對象。**

《我的爸爸是流氓》一書(作者:張友漁),描述殺人犯爸爸,出獄後不僅沒有好好工作,還依賴媽媽供應菸、酒、檳榔以及簽賭的費用(以及龐大債務),所以經常爭吵。媽媽不服從爸爸時,爸爸就大發脾氣且動手打她,媽媽不得不帶著孩子離家出走。書中的主角是小學階段的男孩阿樂仔,他十分珍惜父子親情,願意相信父親仍然愛他,祈求神明保佑父親早日變好,可以全家團聚。

內政部兒童局調查高風險家庭的原因,與情緒困擾有關者如:

- 家中成員曾有自殺傾向或紀錄。
- 照顧者罹患精神疾病但未就醫或未持續就醫。
- 照顧者有酒癮問題。
- 照顧者有藥癮問題。
- 因為經濟困難、婚姻關係不穩、家庭衝突等造成照顧者負面情緒。

父母常因情緒失控而做出負面身教,如報載(賴佑維、陳俊智,2015),二十歲楊姓女子深夜在外和丈夫以電話爭吵,一時氣憤,竟將三個月大的兒子丟進龍潭大池。男嬰被救起時,一度無呼吸心跳,經急救恢復,在醫院觀察,法官裁定這名狠心的媽媽羈押

禁見。楊女供稱，因為兒子不斷哭叫，才會解開背帶，沒想到兒子意外落水。

另一對父母的狀況更糟（黃宣翰、熊迺群，2012），原本帶兒女到安平運河附近遊玩，因為口角，妻子負氣跳進運河，丈夫也跟著跳進河裡救人。目睹父母落水的長子，哭著跑到運河旁的酒吧，拜託服務生打一一九，「我爸媽掉進運河，救救我爸爸、媽媽！」消防局出動近十名消防員潛水，兩人被救起時已無生命跡象，送醫不治。兄妹倆在搶救過程中不斷哭泣，難過得說不出話來。

遭虐待的兒童（尤其是性侵害），由於身心受創嚴重，勢必影響日後的人際關係與家庭生活，所以需投注專業人力及時間進行輔導。

☺ 第二節　職場高EQ

員工的抗壓性太低，常令主管感到頭痛。例如：做錯事情告誡或提醒他，立即反駁，甚至明天就不來上班了。嫌工作太累、乏味或不會做，鼓勵他再試試或想要教他，仍選擇辭職。嫌公司離家太遠，工作環境不理想或危險，稍不滿意就打退堂鼓。隨意離職不僅浪費面試的時間、公司的訓練成本，也會造成工作交接的困難，擔誤工作的進度。因此，**企業寧可多花時間找人，也不願意錯用抗壓性低的員工。**

為什麼抗壓性不足？可能是成長過程中父母寵愛有加，對孩子的行為標準寬鬆。**進入社會才發現，外在環境不像父母那樣的配合你，從此挫敗連連。**自認為有能力的人，當他們不再得到外在的肯定，就會認知失調。但學校表現本來就和職場不同，面對的競爭者是其他學校的畢業生及工作經驗豐富的人，甚至還有國際化人才。

　　認知失調的人，愈想證明自己有能力，就愈難接受別人的意見。不僅難有成長機會，也容易累積過錯而造成更大的災難。若能改變心態，認真檢討犯錯的原因，就能避免重蹈覆轍。當別人說你不好時，把想反駁的情緒先壓制下來，客氣地感謝別人的指教。多聽別人說，找到對你有用的地方。**自己多做解釋，只會給人難以溝通的印象。**

　　沒自信的人常會感到自卑，為了掩飾自卑又故意表現自大，不願求助他人，結果只讓自己更挫折、更沒自信。要懂得向人請教或請求協助，沒必要證明自己比別人優秀，逞口舌之利不會增加自信。

　　有負面想法時，自己往往很難跳脫，可以找人談談，但不要找只聽你傾訴或附和、同情你的人，這會給自己更多藉口，讓自己愈發逃避。要找有正面想法的人談，讓自己能夠勇敢地面對。

　　1998年，丹尼爾·高曼出版《EQ Ⅱ：工作EQ》一書（李瑞玲等譯，1999：30-31），他發現現代孩子的IQ日益聰明，EQ卻呈現下降狀態。**最明顯的徵兆為絕望、冷漠、藥物濫用、犯罪、暴力、憂鬱、飲食失調、意外懷孕、恐嚇、輟學等現象。**職場上也有類似狀況，從美國雇主的調查發現，半數以上的員工，缺乏工作中繼續學習的動機，四成的人無法與工作夥伴分工合作，新進員工缺乏社交技巧，太多年輕人受不了批評。

　　高曼所謂的「工作EQ」，包括五類情緒智力。前三類為「個人能力」，後二類為「社交能力」，總計二十五項情緒能力。內涵如下（李瑞玲等譯，1999：49-50）：

一、個人能力

　　1.**自我察覺**（self-awareness）：認清自己的情緒及影響力，明

瞭自己的長處與限制，肯定自我價值和能力。

2.**自我規範、自律**（self-regulation）：處理紛亂的情緒和衝動，保持誠實和完整的價值標準，爲自己的表現負責，具有處理變遷的彈性，樂於接受新知。

3.**動機**（motivation）：努力自求改進或達到卓越，參與團體或組織目標，準備伺機而動，對追求的目標堅持到底。

二、社交能力

1.**同理心**（empathy）：感受他人的情感與觀點，認清並滿足客戶的需求，幫助別人發展，藉由團體成員的歧異性再造新的機會，能解釋團體的情緒暗潮和權力關係。

2.**社交技巧**（social skills）：發揮有效的說服藝術，傳遞清晰且具說服力的訊息，鼓舞並引導團體和眾人，引發或處理改變，協商並解決爭議，培養有益的人際關係，能與他人合作以達共同目標，創造團隊的相乘力量。

仔細看看並自我評量，會發現「工作EQ」的內含非常豐富，我們需要學習的地方很多。以「自我規範、自律」來說，不能因自己的情緒不好而妨礙工作，先處理心情，之後才能處理事情，否則會因心情不好而表達欠佳，甚至與人發生衝突。遇到與自己處事原則相違背的指令或要求時，外在要婉拒，內在則要堅守原則，以免產生困擾甚至做出違法的事。遇到工作環境的內外改變，要能夠設法適應、自我更新，而非一味抗拒、固執己見。

職場上還必須加強「同理心」，才能「**感受他人的情感與觀點**」（包括客戶、上司、同事）。**若不夠瞭解，則會不小心得罪或觸怒別人，涉入不必要的人際衝突。**如果自己沒有類似經驗，就要透過理論及採納他人的經驗，例如：擔任乳房攝影的醫檢人員可以

說：「會不太舒服，請忍耐一下」，讓別人感受到你的同理心。而非毫無感情、冷淡的口吻說：「照我說的做，聽我說要怎麼做」。甚至不耐煩與指責：「你到底有沒有聽我說？你為什麼總是照自己的做？」

馬斯洛的需求層次論第三層——「愛與隸屬」（love and belonging needs），屬於社交或社會需要，包括被接納、愛護、關注、欣賞、鼓勵等。若在家裡、學校或職場沒有感受到關懷，就會認為自己沒有價值，影響讀書與工作士氣，導致高缺勤率、低生產率。**想建立溫馨和諧的人際關係，就要多營造「愛與隸屬」的組織氣氛。**

要使工作愉快，讓自己的能力受到肯定，適當的「印象整飾」（impression management）有其必要。**「印象整飾」是藉由一些行為來吸引他人注意，增進自我形象。**除了合宜的妝扮、自信愉快的神采、井然有序的工作環境外，如何快速有效地提供上司、同事、客戶所需的協助，表現自己對工作的敬業，都能牽引出別人認為你是「高成就動機」的正面印象。

最受歡迎的同事「有團隊精神、樂於助人」，除了克盡己責之外，也會時常關心同事及主管的需要，不吝提供自己的專業服務，並時時鼓勵及讚美工作夥伴，創發自己及他人的正面情緒。

要留心的是，有些表現有反效果，可能「整飾」出負面印象，如：

- 在他人面前假裝自己炙手可熱。
- 不斷提及自己的成就。
- 故意製造出一個問題然後出面解決，讓自己顏面有光。
- 誇大自己的表現及能力。
- 常談論一些言不及義的瑣事。

．泛泛的稱讚同事、朋友。

☺ 一天早，兩天早，印象好得不得了

就算你的工作能力不錯，若不能準時上班，也會令大家感到困擾。就算你辦理請假，仍然加重了同事的負擔。上下班本有一定的規則，你卻不能尊重或遵守。

學生時代，上課遲到好像沒什麼關係，甚至覺得「遲到總比沒到好」。而且早上八點的課不多，習慣了晚睡晚起之後，「賴床」成了快樂及痛苦的來源。職場規範嚴格，遲到不僅要請假或扣薪，也會耽誤自己與同事的工作。主管希望員工有團隊精神，不因自己的問題加重別人的負擔。而且工作拖延了，會妨礙團體績效，影響團隊士氣。

所以，學生時代就要培養正確的「時間觀念」，準時上課，提前準備考試與作業，配合團隊行動。否則到了職場，一旦工作態度不對，就得不到主管的重用。

☺ 面對困難，積極努力，正向思考

企業主大都希望員工擁有「問題解決的能力」，因為職場變化很大，許多狀況都是第一次出現，主管也不見得知道答案。所以可多請教有經驗的同事或詢問熟悉的客戶，擬出若干問題解決方案，再請示主任與團隊。工作時要自我激勵、正向思考，積極面對挑戰，把困難當成希望來臨前的曙光。

企業主或主管都希望員工有高度的抗壓性，遇到麻煩或不喜歡的工作，會先想問題解決的方法，並一一去試，再將進度適時回報。反之，**抗壓性不足的下屬，處處依賴主管指示，消極的拖延與**

放棄。甚至將新挑戰誤解為主管刁難,隨便就想辭職。即使你這次逃掉了,也只是把問題帶到下一份工作。其實危機也是轉機,壓力大就是必須自我改變或更新的時候。

大學時期就要培養壓力管理能力,事情較多、較難時,雖不免煩躁,也不可因此生氣或抱怨。可以先抒解壓力,之後再重新面對困境。也可運用時間管理技巧,將困難的事情由簡入繁、分段完成。

☺ 難溝通的人,正是最好的磨練

比起家裡或學校,職場的人際關係的確複雜得多。從前對難以溝通的人可以不來往、冷回應。但工作上要面對各式各樣的人,不可能只跟熟悉的人溝通。對於難以溝通的人,還是要面對、不帶負面情緒,才能弄清楚對方的意思及自己該改進的地方。

校園生活單純且安全,很難體會職場的人際困境。蘋果電腦創辦人賈伯斯,也曾被合夥人及董事會聯合「開除」。才華洋溢如賈伯斯都不免因溝通不良而遭到重創,我們怎能掉以輕心?

職場的溝通問題很多,例如被責罵、冤枉或惡言相向。從前你可以選擇躲開,與某些人保持距離甚至不相往來,職場上卻不能如此。若無法與上司、同事、客戶有良好的溝通,必將處處碰壁、懷才不遇。**「會做人才能把事做好」,不只把自己份內的工作做好,還要能夠團體合作、廣結善緣。**

☺ 別自作聰明,多虛心請教

企業主或主管希望員工能與同事溝通、協調、合作,尤其是新進員工,除了應該尊敬上司外,與同事更要培養工作默契。若不尊

重前輩，自作聰明的結果，將不會有人願意教導你，出錯時也不會有人支持你。

其實，新人只要態度好，有禮貌又謙虛，前輩都樂於指點。當然也不能過度依賴前輩，一有問題就找前輩，也會令人困擾。工作完成或受到讚揚時，不要忘了感謝前輩與主管。千萬別以為是自己的功勞而過河拆橋，或認為自己可以獨力完成，不需前輩「干涉」。

大學階段是進入社會或職場的「最後一哩路」，要離開父母師長的呵護，學習自己承擔完全的責任。**遇到委屈或困難時，不能再躲回「避風港」，得勇敢地迎向風浪。職場需要「戒慎恐懼」，否則很容易遭到挫敗而「摔得很慘」。**如果不希望跌倒後爬不起來，努力後能有回報，就得好好為進入職場做準備。

資深同事不可以自己經驗豐富而倚老賣老，反而成了改革或進步的阻礙；這也是「年齡」造成職場發展障礙的原因之一。不論什麼年齡，都要保持活力與創意，關鍵因素就在有彈性、肯進修；學習新事物是職場生存的不二法門。

情緒與壓力管理練習

不論打工或正職，你是否能夠體察上意、善解人意？你是否能言善道、積極進取？你是否能承受上司或顧客的糾正？你是否能持續工作，而非幾個月就想離職？

相關學習資源

一、電影

美國電影《陽光清洗》（導演：克莉斯汀·傑弗斯，2009）。

推薦理由：高中時曾擔任啦啦隊長的羅絲，年過三十卻落魄不已，身為單身母親的她，必須努力工作養活八歲的兒子。她那一事無成的妹妹諾拉，和一樣失敗的父親住在一起。相比之下，羅絲還算頭腦清楚。就在羅絲覺得要被暗無天日的生活壓得窒息時，生活出現了「轉機」，警察局需要清潔人員來清理犯罪現場，渴望多掙些錢的羅絲立刻就答應了，抓著妹妹一起開了「陽光清潔公司」。當然，清理謀殺現場和自殺場所的工作非常辛苦，但也很有「錢途」，羅絲與諾拉的生活開始好轉。隨著兩人合作得越來越多，她們終於體驗到逃避多年的親情，整個家庭也跟著轉變。

二、書籍

甘仲維（2016）。《在最暗處看見光》。台北市：時報。

推薦理由：甘仲維，人稱墨鏡哥，1980年出生，加州大學資訊工程系畢業，獲國立交通大學資訊管理所博士，是台灣第一位盲人資訊博士。現任資策會創新應用服務研究所產品經理、台灣視覺希望協會理事長、大專院校暨企業教育訓練講師。

墨鏡哥從小在香港、星馬等地國際學校及美國名校加州大學就讀，返台後考上交大資管所，畢業就被台積電延攬，後轉任Yahoo奇摩首頁負責人，人生看似一路順遂。但在他二十八歲時（1999年），突然被診斷出罹患急性青光眼，歷經十一次手術，仍舊無法挽回視力，生活從多彩世界一夕墮入無邊黑暗。失學、失業、失去扶持，重建之路很漫長。

他的研究所指導教授陳安斌老師說：「你是有能力的，只是不

太方便，更不需要被同情！」雖然他看不見，但為公益、視障慈善演唱會獻聲，拍攝公益影片，透過創作與歌聲，墨鏡哥走出黑暗、重新面對人群。一路走來失去很多，卻獲得更多。

14 人生的幸福筆記

- 讓人更加快樂的行動
- 你值得真正的快樂

對的事——正確的起步

「你快樂嗎？」

能立即回答嗎？答不出來嗎？

你會說，這哪是容易回答的事？

不是吃好、睡好、有份工作，就算快樂。

為什麼不算呢？

你知道多少人沒能吃好、睡好、有份工作嗎？

你反駁，怎麼標準這麼低？

總要存到多少錢、爬到某個地位，

才是真的快樂吧！

那是真的快樂嗎？

吃美食、住豪宅、開名車、穿名牌，就是快樂嗎？

你又說，總得實際點，至少別人是這麼衡量的。

而且馬斯洛的「需求理論」不是說，

「生理需求」是最基本的嗎？

食衣住行都不滿足，還談什麼快樂？

再談下去就變成哲學議題啦！

對！快樂與否，的確是你的人生哲學啊！

第一節　讓人更加快樂的行動

　　我們常把某些幸福當成「理所當然」，例如食衣住行育樂等生活基本面；在沒有匱乏以前，感覺不到它的可貴。《囚出幸福：以愛爲名的Cony重生筆記》（渠成文化出版，2016）一書，作者張心慈因與人共同創業，遭到背叛而被判刑七年，他記錄了在監獄的基本生活面：

> 晚餐裝在塑膠菜盆裡，一間舍房擠進十七、八人（吃喝拉撒睡全在一起），睡覺就是在地板上墊上棉被，寫字就拿垃圾桶當桌子，電視只有大愛台可看，晚上八點之後不得交談，晚上九點熄燈，當然沒有電腦。

　　若與獄中「令人震驚」的生活相比，你應該會覺得自己幸福無比吧！

　　快樂是什麼？暢銷書《不抱怨的世界》一書作者威爾‧鮑溫（Will Bowen），在《祝你今年快樂》一書開宗明義說（莊安祺譯，2012：17）：

> 快樂是個因果循環的過程，它源自我們的思想、言語和行動，最後呈現在我們的習慣、品性與命運上。……學會適度的改變做法，才能眞正的改變自己。

　　若覺得自己不算或不夠快樂，要如何改變？威爾‧鮑溫整理出下列讓人更加快樂的行動（莊安祺譯，2012：145）：

1.微笑。

2.爲他人行善。

3.規律運動。

4.睡眠充足。

5.適當的營養。

6.有意義、讓你獲得成就感的工作。

7.參與緊密結合社群。

8.擺脫紛亂的生活。

9.放下怨恨。

10.培養並表達感激之情。

11.精神上的聯結感，以及精神上的修行。

《赫芬頓郵報》（*The Huffington Post*）統整十六種經科學驗證、讓人更快樂的小訣竅（吳佳珍、鄭涵文，2014），如：

1.微笑：想起一些讓你微笑的正向事物。

2.去跑個步：體能活動會刺激分泌腦內啡。

3.祈禱：釋放壓力，靈修與宗教參與和快樂極有關係。

4.大笑：除了抒解壓力，還能讓心情變好，減低焦慮和沮喪的症狀。

5.去公園散個步：在自然環境明顯比都市環境快樂許多。

6.行善：幫助他人、日行一善都能讓你更快樂。

7.聽快樂的歌：聽著「快樂的」音樂，心情會明顯提升。

8.昂首闊步：頭抬高、甩開手、邁大步走路。

9.冥想：能減輕壓力並緩解輕度憂鬱，還能促進情緒健康並改善睡眠品質。

10.感恩日記：最好從年輕開始，記錄值得感恩的大小事。

11.度假：對度假的期待，可以提升出發前最多八週的幸福感。

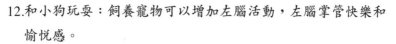

12.和小狗玩耍：飼養寵物可以增加左腦活動，左腦掌管快樂和愉悅感。

13.小睡一會兒：睡眠剝奪會增加壓力，打瞌睡可以改善情緒。

14.享受一杯好茶：生活中的小確幸可以轉化腦部負面情緒。

15.擔任志工：助人可以增進快樂感、減輕壓力、延長壽命。

16.性愛：性愛既減壓又可維持心臟和免疫系統健康。

除了上述快樂技巧，你再想想，哪些事情是你很想做、能天天自然地做，而且愈做愈快樂的事？以我來說，是小學時看漫畫書、故事書之後，講給同學聽。當時若老師沒來上課（不知為什麼，而且次數不少），為了維持秩序，班長就會讓我上台說故事。有位同學「天不怕，地不怕」，像個俠女，但她說，聽我講完〈虎姑婆〉的故事後，讓她嚇得晚上睡不著，總覺得耳邊有虎姑婆啃小孩子手指頭的聲音。

☺ 音樂、唱歌、電影、電視、書籍

威爾・鮑溫很贊成唱歌或聽歌這個快樂方法，但要正確選擇歌曲（莊安祺譯，2012：153）：

> 有幾項研究證實，聆聽親近社會和正面的歌詞能使正面情緒增加，而聆聽反社會和抑鬱悲觀的歌詞會為個人情緒帶來負面的影響。

由此可知，為什麼五月天、王力宏的歌曲那麼受歡迎。2009年、第二十屆金曲獎的「最佳年度歌曲獎」，沒有頒給五月天樂團〈你不是真正的快樂〉（作詞作曲：阿信）。因為得獎的〈稻香〉（作詞作曲：周杰倫），成功描述都市人重返鄉間樸實生活的抒壓

效果。

> 不要哭，讓螢火蟲帶著你逃跑，鄉間的歌謠永遠的依靠。
> 回家吧！回到最初的美好。

> 笑一個吧！功成名就不是目的。
> 讓自己快樂，這才叫做意義。

〈你不是真正的快樂〉這首歌，就有較多抑鬱悲觀的成分。

> 你靜靜忍著，緊緊把昨天在拳心握著。
> 而回憶越是甜，就是越傷人，
> 越是在手心留下密密麻麻深深淺淺的刀割。

雖然到最後一段轉回正面，但份量還是太少了！

> 你值得真正的快樂，你應該脫下你穿的保護色。
> 為什麼失去了，還要被懲罰呢？
> 能不能就讓悲傷全部結束在此刻，重新開始活著。

看電影、電視也能帶來快樂，但威爾·鮑溫提醒不要看恐怖、暴力類型。電視新聞也要慎選，試著十天不看新聞，應該讓人比較快樂。多選擇讓你歡笑且描述角色正面特質、讓你願意模仿的影片。相同的原則，也適用於書籍（詳參莊安祺譯，2012：155-162）。

我非常「愛閱讀」，小時候因家貧、沒錢買書。有機會到親戚或同學家時，總喜歡「挖寶」——到處找書來看；即使是農民月刊、參考書、成語大全，都看得津津有味。直到今天，我仍不可一日無書，固定在大學的圖書館借書，一個月約五十本。而今我喜歡寫作、教學、與學生談話、看電影等，應該都跟「閱讀傾向」有關。

善行

　　人們常以沒時間、沒錢或那是政府的責任，不願意伸出援手幫助別人。將快樂與人分享，是「己立立人，己達達人」。**不快樂時若能幫助別人，也能減輕自己的痛苦。**新聞曾報導，兩歲的曾晴小妹妹是肌小管病變患者，飽受痛苦卻生命力頑強，仍不幸於2007年12月12日病逝。父親曾國榮牧師不僅幫她捐出皮膚和眼角膜，還呼籲大家一起器官捐贈。2008年1月27日這一天，五百位基督教教友一起簽下器官捐贈卡，創下單日捐贈人數最多的紀錄。

　　以我來說，終身的志業是成立「無國界教師組織」，團結教育界一起幫助教育弱勢者突破困境。原始構想來自**「無國界醫師組織」，是1971年一群法國醫生所成立，目標是「不分種族、國家與宗教背景，義務的協助戰火和自然災害中受傷的人類得到醫治」。**無國界醫生組織積極為七十餘國家的人民，提供衛生保健和醫療培訓，並且一貫堅持在衝突地區如車臣和科索沃。也曾多次進行抗議活動，1999年獲得諾貝爾和平獎。我以這麼偉大的目標來自我提醒，因為「取上等的為準則，也只能得到中等」（「取法於上，僅得為中。」──唐太宗《帝範》卷四），以高標準來嚴格自我要求，希望能有一點成果。

　　威爾‧鮑溫認為「善行」的對象是「所有的人」，包括你不喜歡的人（莊安祺譯，2012：181）：

> 你不認同的人，你覺得傷害過你的人，背叛你的人，你認為不值得快樂的人，你必須願意看到他們所有的人都快樂。

　　讓「所有的人」都快樂，這個境界實在很難，也是待人處事及

擔任志工最大的挑戰。

😊 與家人共同進餐

兒福聯盟公布「兒童幸福感」調查結果（董俞佳，2015），孩子的幸福來源不是手機、電腦或遊戲，而是家人健康、不要吵架。調查發現，**愈常跟爸媽一起吃飯、聊天的孩子，愈覺得幸福**。但三成四的孩子，每週跟爸媽同桌吃飯的次數少於三天。滿意度較低的孩子，與父母一起吃飯的天數也較少。近半數的孩子，一年內跟家人出遊少於兩次。近六成每天和父母聊天不到半個小時，有三成七表示父母幾乎沒有專心與他們聊過天。由調查可見，兒童非常需要父母的照顧與陪伴，但親子相處的時間卻不足。

兒福聯盟也在父親節公布「父子互動關係」調查報告，顯示**父子互動關係有三大警訊：不多話、晚回家、常神隱，近四成父親從未參加過孩子學校舉辦的任何活動**。孩子們喜歡什麼樣的父親？前三名分別為：更常帶我出去玩、不要抽菸以及更常陪我說話。兒福聯盟呼籲，新好爸爸應貫徹「333運動」：一日與兒女暢談三十分鐘，一週在家與兒女三次晚餐，一年參加兒女校園活動至少三次。

若是工作忙，實在沒辦法與家人共餐（更不用說花幾小時買菜，「慢工出細活」的做菜），家人間的親密感就不足嗎？不能以其他方式「補救」嗎？說「補救」可能比「補償」來得好，**補救可採取與用餐「等值」的活動取代，如一起出遊、運動、參加活動、家庭旅遊、床邊故事、談天等**。但若忙得沒時間一起吃飯，恐怕也沒辦法從事這些補救活動吧！最後可能還是送禮物或再開一張「帶孩子出遊」的空頭支票，這樣當然影響家人情感囉！

我有兩個孩子，長子因為我的研究所學業，滿月即交給住在台南的公婆照顧。我與軍職的先生已分隔兩地（我在台北，他在高

雄），從此一家三口分隔三地，一個月最多相聚兩次。現在想來實在失職，當時卻未覺得不妥，認為孩子有爺爺奶奶疼愛即可。長子近三歲回到台北，從此三代同堂，我仍繼續「放心」的把陪伴孩子的責任交給公婆。先生每週六回台北一次，可見我們給孩子的時間多麼不足。

長女則因幼稚園及國小遇到「貴人」，才改變了我們不當的父母行為。幼稚園的園長要求家長每天親自接送孩子，也經常辦活動讓父母都來參加，如：「爸爸早餐會」、「媽媽早餐會」。女兒讀國小時，**校長寫信要家長帶孩子吃過早餐再來上學，不要到學校吃早餐或拿錢給孩子自己買早餐**。從此，我每天陪女兒吃早餐，

胡鈞怡／繪

吃完早餐後就陪她走路到學校（單趟要三十分鐘，以前都是開車接送）。

女兒讀國小六年級時，希望能吃到我做的便當，這是兒子到高中畢業前都沒有「享受」過的待遇。女兒說，學校合作社的便當千篇一律（炸雞排、炸豬排、炸魚排等），早吃膩了。於是，民國93年初，我辭去專職，回家給女兒做便當，也做飯給家人吃，全家人都因而改變了生活型態。

情緒與壓力管理練習

哪些事情是你很想做，會天天自然地做，而且愈做愈快樂？

哪些事情是你很想做，做了之後一定能增加快樂，但你卻未做？

與幾個朋友分享，交換彼此的快樂之道。

第二節　你值得真正的快樂

苦、樂是相對的，沒有苦就感受不到樂，苦過更知道快樂的滋味。苦與樂也是一種選擇，「先苦後樂」或「先樂後苦」，結局完全不同。自願承受的辛苦，也會變成快樂，如成語：甘之如飴、心甘情願、不以為苦，或「甘願做，歡喜受」。不能只選擇快樂完全不要痛苦，世上也沒有只是痛苦而不能得到快樂的事。辛苦到了盡頭自然能谷底翻身，類似成語有：苦盡甘來、倒吃甘蔗、枯木逢春、否極泰來、時來運轉、絕處逢生、柳暗花明、天無絕人之路、

一枝草一點露、黎明前的黑暗。

😊 扭轉情緒

　　苦、樂可以選擇嗎？如何在關鍵時刻扭轉情緒，以免造成痛苦或悲劇？包括**「當場」的應對，及事後找出負面情緒的根源**。心情不好時要抒解、表達，不要壓抑、爆發，這個道理大家都懂，只是「知易行難」，須靠平常的情緒調節功夫。這部分是學習的成果，所謂**「養兵千日，用在一時」，不可能「臨時抱佛腳」**。每個人都希望眉飛色舞、眉開眼笑、笑容可掬、笑逐顏開、春風滿面、手舞足蹈、心曠神怡、怡然自得。要怎麼做（how to do）？可以打「預防針」，避掉不快樂嗎？

一、緩和情緒衝動

(一)事緩則圓

　　若有不愉快的事，或與人發生衝突，先別急著情緒反應或把事情壓制下來。如思考不周、出言不遜，就可能出口傷人、引爆肢體衝突，後果無法彌補。如何克制情緒衝動？生氣時，可以傾聽、喝水、外出散步，或找人訴苦、向人請教；設法延遲怒火發作的時間，等情緒較平靜後，再來處理麻煩的事情。

　　「事緩則圓」，多爭取時間讓自己冷靜，多方思考及再次評斷，才不會錯怪別人或推卸責任。要客觀「描述」（表達）事實及你的情緒感受，別人瞭解後，才可能體諒或讓步，創造「雙贏」的局面。若處理不好，別人只會記得你的壞脾氣，卻不知你在堅持什麼。若你自覺委屈、壓力很大，挫敗形成的心理陰影，會影響之後的待人處事。

(二)「心情日記」加上「聽取別人的建議」

寫日記是坦誠的自我對話,是很好的心靈淨化。有些事情較複雜、令人忐忑不安,**可持續寫「心情日記」,幫助自己看清事情全貌,進而接受事實或改變現狀**,不再乾著急或耿耿於懷。

「當局者迷,旁觀者清」,**要向關心你的家人、好友、老師等具有同理心或類似經驗的人請教。**虛心接受這些「智者」、「貴人」或「高人」的指點,讓我們少走冤枉路,不再跌入同一個陷阱。更可「借力使力」,快速增進情緒管理功力。不少人抱怨身邊沒有貴人,其實是自己「不受教」(覺得有損顏面)的緣故。

(三)從書中找答案

藉由閱讀可點醒自己,真人實事的血淚史及專家的意見,能幫助我們恢復生命活力。盡可能擴大閱讀種類,不侷限在偏好或習慣的領域。**愈不喜歡看的書,也許愈能改變自己。可開啟另一個視野,從不同角度及全新觀點來思考事情。**例如:《富爸爸,窮爸爸》這本書,對於我這種不擅長股票或房地產投資的人,不會主動翻閱。但在勉強看下去後,卻深深感到喜悅,它是一本能打破僵化頭腦的好書。看完發現,真正的貧富不在擁有多少不動產,而在頭腦有多豐富(或貧瘠)。詢問別人在看什麼好書或親自參加讀書會,均可顯著提升生命的寬度與溫度。

二、適當的情緒表達

情緒表達要合乎中庸之道,如何拿捏?若完全表露,可能流於主觀與偏見,造成別人不悅。有些人認為情緒積壓有礙心理健康,所以想到什麼就直說,變成一種攻擊。瞭解你、肯為你設想的人,願意忍受你的情感用事;不瞭解或不肯遷就你的人,就可能反擊。

過於直接表達，會使負面情緒更加高漲，破壞了人際關係。適當表達情緒的原則如下：

(一)選擇適當的語言

要避免情緒化或壞脾氣，情緒表達時應選擇適當的語言。說出內心的感覺及原因，使別人瞭你，解進而願意體諒及幫助你。不可只認為自己很委屈，而且責怪別人是罪魁禍首。

描述情緒感受後，如果對方不瞭解或不諒解，甚至與我們對立，則應反省自己的表達是否恰當，包括語言、態度、時機與地點。即使對方有成見，還是要努力保持情緒穩定。實在無法繼續交談，要心平氣和地說：「我覺得現在大家的情緒都不太穩定，今天到此為止，等我們較為冷靜後再談，好嗎？」若對方堅持立刻講清楚，則要設法「脫身」。

(二)加強修養以修飾脾氣

許多人看來沒有脾氣，其實是修養很好。反之，**脾氣很大、情緒失控，就可能是修養不好**。若不及時自我調整，極易罹患身心疾病或發生人際衝突。

雖然不該生悶氣或不想忍氣吞聲，考慮後仍覺得不能表達真實情緒時，可到山上、海邊等無人之處，大聲吶喊或唱歌，讓自己「一吐怨氣」，才不會造成「內傷」。

三、轉移注意力

(一)從事其他建設性的事

心情不愉快，與其胡思亂想，不如將注意力轉移到建設性的事物上。即使是小事，都有助抒解情緒、恢復心理平衡，如：清埋書桌、整理相簿、洗衣服、剪報、寫賀卡或感謝卡。安排度假也是不

錯的選項，從計畫或期待假期開始，就已產生了好心情。

(二)改變表情及妝扮

在鏡中仔細看看自己，就算像「演戲」，也要強迫自己撫平眉頭、抬高嘴角、放鬆臉部肌肉，儘量展現笑容。每天花些時間打扮自己，更得體、吸引人的穿著化妝，或改變髮型及衣著（可請有經驗、有眼光的人給予意見），都能讓心情轉好或振作。

四、改變想法

(一)沉澱自己，重見清澈

二十六歲的警大女研究生謝佳蓁（賈寶楠，2010），年幼時因車禍驚嚇過度而嚴重掉髮。如今童山濯濯，常被誤認為男子。她在桃園警分局實習時，雖因外型不適合某些外勤工作，但不影響她成為好警察的決心。因為戴假髮不方便，所以她坦然以「真髮」（幾乎沒有頭髮）示人。對於一個正值青春愛美階段的女孩，該**如何沉澱想法，才能面對及呈現真實的自己啊**？佳蓁實在是一位智者與勇者！

(二)正面的意念與言語

若心中充斥著憤怒、怨恨與不安，會不由得口吐惡言。這樣做，只會得到一時的快感，卻帶來更大的痛苦。別人可能「搧風點火」，使你的怒火更旺；也可能漠視你的感受，使你更加寂寞。痛苦的事存在心中變成負面的「內在語言」，如：噁心、恐怖、倒楣、受不了、萬一、怎麼辦、沒辦法、都是你害的、但是、糟了、我不會、不可能、我痛恨、氣死人等，就是在啃噬自己，使心靈不得安寧。

要努力以正面語言取代負面語言，**轉換成：我相信、我真幸**

運、我會努力、機會來了、我來想辦法、我喜歡、危機就是轉機、真感激。

情緒與壓力管理練習

書籍是靜態的電影，全由讀者自導自演。讀到一本好書的驚喜與悸動，會讓人一下子輕鬆起來，解除許多困惑。

電影是動態的書籍，全由觀眾詮釋註解。看到一部好電影的喜悅與感動，會讓人心中充滿靈感，增加許多動力。

好書與好電影，是我們忠實、溫暖的好朋友；任憑我們一遍又一遍的觀看，也不露出半點不耐煩。它們衷心祝福我們「開卷有益」或「豁然開朗」，它們與我們同喜同悲，但永遠期盼我們流下喜悅的眼淚。

不要擔心你不會選片或選書，不要擔心你選到的是不是好影片或好書，去圖書館吧！盡情的挑書與看影片，久之，你一定會成為業餘的書評與影評人。

相關學習資源

一、電影

法國電影《微笑馬戲團》（導演：菲利浦·慕勒，2009）。

推薦理由：單親母親貝蒂憑著勞力維持蜂園農莊及照顧十歲的兒子湯米，湯米出生以來從沒見過父親，母親對父親也三緘其口。沉重的生活負擔和一顆渴望愛情的心，讓母親臉上常常掛著憂鬱及

感傷，湯米希望幫助母親重拾歡笑。一天，湯米在上學的途中，看
到馬戲團來到小鎮。礙於沒有合法文件，警察禁止馬戲團在鎮上搭
篷。湯米利用這個機會，說服媽媽在農莊收留這些有趣的馬戲團朋
友。

　　原本孤伶伶的湯米與媽媽，和馬戲團團員相處之後，感染到
馬戲團表演者的熱情和快樂。媽媽釋放了多年的悲傷，也找到了真
愛。

　　《微笑馬戲團》當中有許多歌曲，旋律給人一聽就想起舞的感
覺，歌詞蘊含了各式各樣的人生道理，讓人自然地欣然接受。

二、書籍

　　呂奕欣譯（2016）。Suzanne Roberts著。《山女日記：約翰繆
爾步道上的28天》。台北市：紅樹林。

　　推薦理由：作者大學剛畢業還不知自己未來該何去何從時。
於是展開了一趟長途健行之旅，給自己緩衝及思考的時間。當時
是1993年，美國經濟衰退、很難找到工作。她和一個是運動健將、
另一個有飲食障礙的兩位女性朋友，一起到加州最美的內華達山
脈──約翰繆爾步道（John Muir Trail）「壯遊」，路途總計約
三百四十公里。這趟幾乎純女性的健行之旅，讓作者逐漸克服依賴
男性或由男性決定女性價值的迷思。一趟將近一個月的健行裡，除
了增強了自信、真正感受到大自然之美以外，更重要的是找回屬於
女性的信心，找到了自己真正想做的事，使未來不再迷茫。本書獲
得美國國家戶外圖書獎戶外文學類獎項。

參考文獻

天下編輯（2000）。《做你所愛，愛你所做──追求「專業」的新時代》。台北市：天下。

王祥瑞（2011）。《李嘉誠談：做人·做事·做生意全集》。台北市：大都會。

王楷星（2012）。《歐巴馬給青年的9個忠告》。台北市：海鴻。

台灣精神醫學會譯（2014）。American Psychiatric Association著。《精神疾病診斷與統計手冊》（五版）（*Diagnostic and Statistical Manual of Mental Disorders, DSM-5*）。新北市：合記。

石田淳（2015）。《孩子不再三分鐘熱度：培養堅持學習、自動自發好習慣》。台北市：大好書屋。

朱姿樺（2009）。〈好習慣吃健康，遠離安眠藥〉。《聯合報》，A2，2009/11/24。

朱麗真譯（2009）。最上悠著。《負面思考的力量》。台北市：商周。

江慧珺（2015）。〈研究證實，助人為樂是真的〉。《聯合報》，A10，2015/12/20。

余佳穎（2015）。〈全台每4人有1人有網路焦慮症〉。《聯合報》，2015/1/26。

宋偉航譯（2012）。Tony Wagner著。《教出競爭力：劇變未來，一定要教的七大生存力》。台北市：方言文化。

吳佳珍、鄭涵文（2014）。〈16種快樂方法，有科學根據〉。《聯合報》，P5，2014/4/13。

吳涔溪（2007）。〈台灣480萬人睡眠出問題〉。《大紀元》，2007/3/20。

吳淑君、羅建旺（2010）。〈燒炭剛出院，失業爸，兒面前跳樓〉。《聯合報》，A14，2010/6/4。

吳淑玲等（2008）。〈大學生飛撞前女友，再回頭活活碾死〉。《聯合

報》，A5，2008/12/19。

吳傑民譯（1996）。Martha Manning著。《暗潮下：當心理醫生得了憂鬱症》。台北市：智庫。

吳寶春、劉永毅（2010）。《柔軟成就不凡》。台北：寶瓶。

呂思逸、魏莨伊（2016）。〈過年都在吵架，新北年後154對夫妻離婚〉。《聯合報》，B2，2016/2/27。

李瑞玲等譯（1999）。Daniel Goleman著。《EQ II——工作EQ》。台北市：時報。

李鈺華、許湘翎譯（2003）。Sally Planalp著。《情緒溝通》。台北市：洪葉。

李曜丞等（2004）。〈致命的分手，揮刀跳樓四死一傷〉。《聯合報》，A3，2004/1/6。

沈育如（2014）。〈240坪祕密花園，文化師生一手包〉。《聯合報》，AA，2014/1/15。

沈育如（2014）。〈耐心、熱情、堅持，江振誠：別等指令做事〉。《聯合報》，A5，2014/6/8。

阮南輝、張宏業（2010）。〈七夕分手後…他路邊砍她25刀〉。《聯合報》，A16，2010/8/27。

亞奇譯（2012）。Helen Whitney著。《原諒》。台北市：三采文化。

林口長庚醫院自殺防治中心（2008/1/4）。急診自殺統計年報表，www.cgmh.org.tw/intr/intr2/c3360/suicide/.../年報.htm

林雯譯（2015）。福田健著。《日本溝通大師教你生氣的技術》。台北市：城邦。

邱天助（2016）。〈被告怕了，逼得老師想早退〉。《聯合報》，A18，2016/6/21。

邵虞譯（1994）。Bernie S. Siegel著。《愛、醫藥、奇蹟》。台北市：遠流。

胡瑋珊譯（2002）。Glenn Van Ekeren著。《12道快樂工作雞湯》。台北市：正中。

徐如宜（2010a）。〈育瑄：活著真好，我珍惜每個今天〉。《聯合報》，

頭版，2010/6/21。

徐如宜（2010b）。〈冰鎮雙腳女孩，告別式不流淚〉。《聯合報》，A8，
　　2010/8/28。

祝家康譯（2011）。Robin Casarjian著。《療癒之鄉》。台中市：奇蹟資訊
　　中心。

袁瑋（2014）。〈憂鬱爸媽，情緒別丟給孩子〉。《聯合報》，D2，
　　2014/5/3。

財團法人董氏基金會，《莎喲那拉憂鬱手冊》，http://www.jtf.org.tw/
　　psyche/melancholia/what.asp

高育仁（1999）。《心理治療DIY──常見心理疾病的自療與助療良
　　方》。台北市：遠流。

高宛瑜（2014）。〈「自由擁抱」環島，罕病女給大家力量〉。《聯合
　　報》，B2，2014/8/16。

張心慈（2016）。〈另類人生，另類學習〉。《聯合報》，D4，
　　2016/2/27。

張春興（1989）。《張氏心理學辭典》。台北市：東華。

張美惠譯（1996）。Goleman, D.著。《EQ》。台北市：時報。

張美惠譯（2006）。Goleman, D.著。《EQ十周年紀念版》。台北市：時
　　報。

張美惠譯（2011）。Tom Rath & Donald O. Clifton著。《你的桶子有多
　　滿？》。台北市：商周。

張國儀譯（2006）。Joachim de Posada & Ellen Singer著。《先別急著吃棉
　　花糖》。台北市：方智。

莊安祺譯（2012）。Will Bowen著。《祝你今年快樂》。台北市：時報。

郭宣彣、簡慧珍（2016）。〈隱忍家暴7年，她雞湯下藥殺夫〉。《聯合
　　報》，A11，2016/1/18。

郭政芬（2014）。〈張忠謀：台灣明星學校「傲氣沖天」〉。《聯合
　　報》，A5，2014/6/25。

郭逸君（2014）。〈家人好憂鬱，我能做什麼？〉。《聯合報》，P3，
　　2014/6/22。

陳志根等（2001）。《憂鬱症》。台北市：書泉。

陳佳伶譯（2002）。Nini Herman著。《不再害怕──性受虐者心靈療癒的動人故事》。台北市：張老師文化。

陳芳智譯（2003）。Shawn Talbott著。《輕鬆擺脫壓力：揭開腎上腺皮質醇的奧秘》。台北：原水。

陳夢怡譯（2015）。Richard P. Brown & Patricia L. Gerbarg著。《呼吸的自癒力》。台北市：康健。

陳維鈞、蔡容喬（2016）。〈時髦婦拎著LV偷軟糖，淚說抒壓〉。《聯合報》，A8，2016/1/27。

陳儀莊、李根芳譯（1995）。Peter D. Kramer著。《神奇百憂解》。台北市：張老師文化。

陳豐偉（2015）。〈動不動就暴怒，你有「間歇暴躁症」？〉。《聯合報》，P12，2015/4/19。

陳鵲蓮、王瑞璋（2004）。〈感謝自身殘障，劉銘：樂觀者永遠有路可走〉。PChome Online個人新聞台，http://mypaper.pchome.com.tw/jac550112/post/1273380504/

陶福媛、鄭朝陽（2008）。〈陶傳正、陳立恆，大老闆玩出名堂〉。《聯合報》，A12，2008/8/11。

陸洛等譯（2007）。《社會心理學》。台北市：心理。

創意力編譯組譯（1997）。春山茂雄著。《腦內革命2》。台北市：創意力。

勞委會職訓局（2012）。〈名人談就業──歸零學習，吳寶春的灰姑娘哲學〉。

華視新聞（2009）。〈高中情侶七夕疑殉情，雙亡〉，http://news.cts.com.tw/cts/society/200908/200908280308548.html#.WS--YhEcSP8

馮靖惠（2016）。〈留學生變少，家長：出國太辛苦，念台成清交就好〉。《聯合報》，AA，2016/2/25。

黃文彥（2012）。〈不爽，也是一種病？〉。《聯合報》，D2，2012/7/26。

黃立翔、李穎（2009）。〈作弊被逮，高一生跳樓慘死〉。《自由時

　　報》，2009/1/16，n.yam.com/focus/society/22064。

黃孝如譯（2014）。Christopher Cortman & Harold Shinitzky著。《心靈療
　　癒自助手冊》。台北市：天下文化。

黃宣翰、熊迺群（2012）。〈出遊吵架，夫妻跳河雙亡，留下小兄妹〉。
　　《聯合報》，A11，2012/6/25。

黃惠惠（2002）。《情緒與壓力管理》，台北市：張老師文化。

楊芷菱譯（2002）。Greg Anderson著。《抗癌無懼，活得更好》。台北
　　市：張老師文化。

楊軍、楊明譯（2001）。Robert T. Kiyosaki & Sharon L. Lechter著。《富爸
　　爸，窮爸爸》。台北市：高寶。

楊振富譯（2002）。Peter M. Senge著。《學習型學校》。台北市：天下。

楊淑智譯（2001）。Chrustopher Lukas & Henry M. Seiden著。《難以承受
　　的告別——自殺者親友的哀傷旅程》。台北市：心靈工坊。

楊淑智譯（2006）。Travis Bradberry & Jean Greaves著。《EQ關鍵報
　　告》。台北市：天下文化。

楊惠君（2015）。〈張忠謀：20歲到84歲，天天養生秘訣〉。《康健雜
　　誌》，9月。

聖嚴法師（1998）。〈禪與心靈環保〉。《師友月刊》，11月。

葉心怡編譯（2008）。〈研究：靜坐可有效抑制壓力基因〉。《大紀
　　元》，7月28日訊。

董俞佳（2015）。〈兒盟調查：愈常跟爸媽吃飯，孩子愈幸福〉。《聯合
　　報》，AA，2015/4/4。

詹建富（2010）。〈你睡夠嗎？睡眠債容易欠很難還〉。《聯合報》，
　　AA3，2010/2/23。

賈寶楠（2010）。〈無髮逾十年，女警坦然，真貌示人〉。《聯合報》，
　　A8，2010/7/27。

鄒欣元譯（2010）。Edmund Bourne著。《這樣過活，焦慮自然消失》。台
　　北市：大寫。

雷光涵（2010）。〈101登高賽，94歲彭宏年6度參賽〉。《聯合報》，
　　2010/4/29。

趙敏夙（2010）。〈2010世界麵包冠軍在台灣，吳寶春的麵包人生〉，http://n.yam.com/msn/life/201003/20100311119933.html

劉秀芳（2010）。〈罕病忍痛學習，校園勇士不流淚〉。《聯合報》，A15，2010/6/20。

劉真如譯（2002）。Peter F. Drucker著。《下一個社會》。台北市：商周。

劉銘（2010）。〈打破魔咒／我多活了20年〉。《聯合報》，2010/7/23。

歐陽端端譯（2013）。Goleman, D.著。《情緒競爭力UP》。台北市：時報。

蔡容喬（2014）。〈12種快樂食物遠離低潮〉。《聯合報》，P4，2014/4/13。

蔡繼光編譯（2007）。〈同一教室21人遭濫射，四人裝死保命〉。《聯合報》，A3，2007/4/18。

鄭涵文、黃文彥（2014）。〈交感神經衝過頭，身體吃不消〉。《聯合報》，P2，2014/4/13。

盧世偉（2010）。〈睡眠債欠多少〉。《聯合報》，D2，2010/2/2。

盧禮賓（2003）。〈情侶嘔氣，飛車追逐，男死女傷〉。《聯合報》，A8，2003/9/10。

賴佑維、陳俊智（2015）。〈扯！火爆媽把3月娃丟大池〉。《聯合報》，A12，2015/6/11。

戴爾‧卡耐基（2015）。《別讓憂慮謀殺你自己》。新北市：布拉格文創。

聯合報系民意調查中心（2014）。〈貧富差距，5世代共同的痛〉。《聯合報》，A4，2014/8/29。

謝明憲譯（2007）。Rhonda Byrne著。《祕密》。台北市：方智。

謝琬湞譯（2014）。Bernardo Stamateas著。《毒型情緒》。台北市：方智。

韓沁林譯（2015）。Rick Hanson著。《大腦快樂工程》。台北市：遠見天下。

韓德彥（2002）。〈憂鬱時避免重大決策〉。《聯合報》，第36版，2002/8/26。

心理學叢書 58

情緒與壓力管理——幸福「馬卡龍」

作　　者／王淑俐
出 版 者／揚智文化事業股份有限公司
發 行 人／葉忠賢
總 編 輯／閻富萍
特約執編／鄭美珠
地　　址／新北市深坑區北深路三段 258 號 8 樓
電　　話／02-8662-6826
傳　　真／02-2664-7633
網　　址／http://www.ycrc.com.tw
　E-mail ／service@ycrc.com.tw
　I S B N ／978-986-298-263-1
初版一刷／2017 年 7 月
初版二刷／2019 年 9 月
定　　價／新台幣 320 元

＊本書如有缺頁、破損、裝訂錯誤，請寄回更換＊

國家圖書館出版品預行編目資料

情緒與壓力管理：幸福「馬卡龍」/ 王淑俐
著. -- 初版. -- 新北市：揚智文化，
2017.07
　面；　公分

　ISBN　978-986-298-263-1（平裝）

　1.情緒管理　2.抗壓

176.5　　　　　　　　　　　　　106009765